Wolfgang Petrak

Verortungen

Wolfgang Petrak

Verortungen

Worte zur Zeit, zum Aufbrechen, zum Bleiben

Fromm Verlag

Impressum / Imprint
Bibliografische Information der Deutschen Nationalbibliothek: Die Deutsche Nationalbibliothek verzeichnet diese Publikation in der Deutschen Nationalbibliografie; detaillierte bibliografische Daten sind im Internet über http://dnb.d-nb.de abrufbar.

Bibliographic information published by the Deutsche Nationalbibliothek: The Deutsche Nationalbibliothek lists this publication in the Deutsche Nationalbibliografie; detailed bibliographic data are available in the Internet at http://dnb.d-nb.de.

Verlag / Publisher:
Fromm Verlag
ist ein Imprint der / is a trademark of
OmniScriptum GmbH & Co. KG
Heinrich-Böcking-Str. 6-8, 66121 Saarbrücken, Deutschland / Germany
Email: info@frommverlag.de

Herstellung: siehe letzte Seite /
Printed at: see last page
ISBN: 978-3-8416-0412-5

Inhalt

Vorwort

Der Ort ermöglicht das Bleiben. Hier kann ich leben. Mit anderen. Oder auch allein. Aber wenn ich ‚hier' sage, denke ich das andere, also das „dort" mit, wäge ab, begründe und entscheide. Die Verortung birgt deshalb immer ein dynamisches Moment in sich, das sich aus dem, was anders ist, ableitet und damit bereit ist, prinzipiell über den eigenen Standpunkt hinauszugehen.

„Und Jakob stand früh am Morgen auf und nahm den Stein, den er zu seinen Häupten gelegt hatte, und richtete ihn auf zu einem Steinmal und goss Öl darauf und nannte die Stätte Bethel...Da machte sich Jakob auf den Weg und ging in das Land, das im Osten liegt" (1. Mose 28, 14a.29a). Jakob markiert den Ort mit einem Stein als Symbol für zeitliche Unveränderbarkeit. Diesen Stein salbt er und macht deutlich, dass der Ort zum Bezugpunkt des ganz Anderen und Unverfügbaren wird. Er benennt diesen Ort, sodass das Geschehen durch die Zeit hindurch vermittelbar bleibt. Und dann bricht er auf und geht weiter. Fixierung und Veränderung, das Wissen um die prinzipielle Unverfügbarkeit dessen, der mit dem konkreten Ort etwas zu tun haben will, ohne das man es fassen kann, und die Aufgabe sprachlicher Vermittlung gehören so zusammen, dass am Ende ein Aufbruch mit neuem Ziel möglich ist.

Deshalb habe ich Worte zu Zeit, also Predigten und Andachten aus den letzten Jahren zusammengestellt. In ihnen habe ich versucht, Ortserfahrungen mit biblischer Überlieferung zu verbinden. „Die Wahrheit ist konkret", hat Dorothee Sölle einmal gesagt. Verortungen haben immer eine politische Perspektive, weil es im Ort, also in der ‚πόλις' um das Zusammenleben geht. Das gilt auch für diese Predigten und Andachten. Sie sind einmal gesagt, und, wenn nicht mit einem * gekennzeichnet, in den Göttinger Predigten im Internet beziehungsweise im Göttinger Tageblatt veröffentlicht worden. Weil diese Worte einen Zeitbezug haben, überholen sie sich und markieren selbst geschichtliche Aspekte. Beim Nachlesen der Predigten mag man sie wie markierende Steine aus vergangen Zeiten empfinden, dabei in Gedanken verweilen und eigene Perspektiven entwickeln. Ich selbst denke an alle zurück, denen ich auf diesen Wegen begegnet bin, die mir zugehört haben und mir mit verstehender Kritik ermöglicht haben weiter zu suchen. Ihnen möchte ich an dieser Stelle für ihre Offenheit danken, ganz besonders aber meiner Frau Lucie Petrak für ihre Nähe und Geduld. Und für beharrliches Fragen. Nie kann der Weg des Glaubens abgeschlossen sein. Die Aufgabe des Aufbruchs bleibt. Wir gehen auf den hin, der die Worte des ewigen Lebens hat (Johannes 6,38) und der uns zur Umkehr ruft (Markus 1,15).

Göttingen, am letzten Sonntag im Kirchenjahr 2013
Wolfgang Petrak

Hannover 31.10. 2000. Mit Luther über die Expo: *Gottes Geist und Internet*[1]

Heute ist der letzte Tag der Expo. Und: Reformationstag. Gehen wir noch einmal mit Martin Luther über das Ausstellungsgelände. Seine massige Gestalt ist schon von weitem zu erkennen. Mit der einen Hand umfasst er die Bibel, mit der anderen weist er vorwärts. Weil er aber den umgeschnallten Brotbeutel durchleuchten lassen muss, ruft er laut nach seiner lieben Hausfrauen Käthe. Die waltet jedoch in Wittenberg. So bleibt es bei seinem unwilligen Seufzer darüber, wie gläsern der Mensch geworden ist.

Am Planet of Visions reiht sich Luther in die Schlange ein. Während einer Wartezeit versucht er immer, ein Lied anzustimmen; dieses Mal: *„Die beste Zeit im Jahr ist mein"*. Doch keiner nimmt Frau Musicas Melodie auf. Man singt nämlich nicht in der Öffentlichkeit. Lässt sich aber stattdessen mittels Klingeltönen anrufen. Luther denkt, wen die wohl anrufen, wenn sie in Not sind? Immerhin: Das Warten vereint, Gespräche werden begonnen. Über Speicherplätze und e-mails per Handy. Dies interessiert Luther. Denn Worte wollen Menschen erreichen. „Die Freiheit eines Christenmenschen" brauchte den Buchdruck. Heute ist es das Internet. Medien für den Menschen. Gottes Geist kann damit sicher was anfangen.

Luther in der Halle 12. Afrika. Er genießt die Märkte, es geht hier anders zu als in Eisenach. Doch wenn Dr. Martinus dem Volk aufs Maul schaut, erfährt er hinter der bunten Vielfalt, wie sehr hier um jeden Eimer Wasser gekämpft werden muss; wie bitter es ist, als Rohstofflieferant der Dritten Welt von den Gewinnen der Ersten abgeschnitten zu sein. Luther hört unter dem Baobab-Baum eine afrikanische Weisheit: „Der neue Tag beginnt, wenn du im Gesicht

---

[1] Andacht zum Reformationstag im Göttinger Tageblatt, 31.10. 2000

des Fremden das Gesicht des Bruders erkennen kannst". Er, der nur einmal kurz in Rom war, kann die Sehnsucht derer erahnen, die sich in unserem Land so fremd vorkommen müssen.

Einen neuen Sermon müsste er verfassen. „Vom Antlitz Gottes und unseres Nächsten". Und Israel sollte er besuchen. Leise sollte er hineingehen, bedenkend, was auch seine Worte Jahrhunderte später ausgelöst haben. Mensch. Luther betritt den Themenpark. Er hört genau die Worte von Überlebenden des Holocaust. Dann geht er durch den Schiffsbug. Arche oder Titanic, Rettung oder Untergang? Er hört den NaturwissenschaftlerInnen zu. Ob der Mensch eine Seele hat? Viele bejahen das auch heute. Obwohl wir ein Teil der Natur sind. So ähnlich hatte er zuletzt auch gesagt. Dann aber stößt Luther auf die Aussage: *Hauptsache...versichert.* Wegen der Alterspyramide eine Allianz der Leistungsträger? Luther fasst sich an den Kopf. Kann sich der Mensch jemals ganz sicher sein? Er stürmt ins Freie, stellt sich mitten auf die Plaza, greift zur Bibel und ruft laut: *„So liegt nicht an jemandes Wollen und Laufen, sondern an Gottes Erbarmen*[2]". Deshalb muss er auf den Pavillon mit dem verborgenen Kreuz zugehen und in der ökumenischen Andacht hören, was auf der Expo jeden Tag gesagt worden ist: „*Was ist der Mensch, dass du seiner gedenkst"*[3]. Denn dies allein lässt uns in die Zukunft gehen.

---
[2] Römer 9, 16
[3] Psalm 8,5

New York 2001/9/11. *Philipper 1,1-6* [4]

Paulus und Timotheus, Knechte Christi Jesu, an alle Heiligen in Christus Jesus in Philippi samt den Bischöfen und Diakonen: Gnade sei mit euch und Friede von Gott, unserm Vater, und dem Herrn Jesus Christus! Ich danke meinem Gott, sooft ich euer gedenke -was ich allezeit tue in allen meinen Gebeten für euch alle, und ich tue das Gebet mit Freuden –,für eure Gemeinschaft am Evangelium vom ersten Tage an bis heute; und ich bin darin guter Zuversicht, dass der in euch angefangen hat das gute Werk, der wird's auch vollenden bis an den Tag Christi Jesu.

Liebe Freundinnen und Freunde, ich weiß nicht, wie ich beginnen kann und anreden soll. Anstelle einer Predigt mit wohlgesetzten Worten und einer Gliederung, die Anfang und Ziel zu erkennen gibt, versuche ich Euch einen Brief zu schreiben. Weil heute vor einer Woche alles anders geworden ist. Weil das Ausmaß der Terrorangriffe auf New York, Washington und Pennsylvania so unfassbar ist, so dass Worte nicht auszudrücken vermögen: die Trauer, die Versuche, Verbundenheit und die Versuche, Mitgefühl aufzuzeigen. Die Angst vor dem, was kommen kann.

Ich habe gestern den Philipperbrief gelesen, ganz durch. Von dem Gefangensein. Von der Tiefe. Und als wir auf dem Friedhof sangen: „Sterben ist mein Gewinn"[5], habe ich gedacht, dass ich das nicht will. Aber geht es nach meinem Willen? Paulus hat geschrieben von „*euretwillen*", „*um Christi Willen*", in diesem Zusammenhang dann doch „um meinetwillen", aber niemals „um Gotteswillen". Was ist der Wille Gottes? Wie oft denken wir das in diesen Tagen ... Und ich habe bei Paulus gelesen, wie Christus sich selbst erniedrigte und gehorsam ward bis zum Tod am Kreuz: Darum hat ihn Gott erhöht. Ich

[4] Ungehaltene Predigt zum 15. Sonntag nach Trinitatis 2001

[5] Melchor Vulpius, Christus, der ist mein Leben (1609), Strophe 1, Evangelisches Gesangbuch (EG) 516

habe dann gelesen von der Freude und von der Stärke, die erlaubt, alles zu sein, hoch und tief, satt und hungrig, denn es ist Christus, der mächtig macht: Das alles hat Paulus geschrieben. Und ich denke: Darf ich auch traurig und fröhlich sein, Angst haben und zugleich voller Vertrauen?

Ich versuche, Euch heute zu schreiben, nicht weil es Pflicht wäre oder gar die vermessene Versuchung, es jenem gleich zu tun, nein, ich habe einen anderen Namen; ich schreibe, um nicht in den Sog der Lähmung ohne Anfang und Ende hinzugeraten. Und habe dabei das erste Kapitel des Philipperbriefes aufgeschlagen vor mir liegen und lese, wie Paulus damals bei sich selbst begonnen hat. Er hat nicht gesagt: „Liebe Gemeinde", sondern beginnt mit „*Paulus*". Der eigene Name liegt oben auf, öffentlich und unverhüllt, es gibt keinen Rückzug, keinen Schutz, in den man sich bergen könnte. Doch zugleich lässt der Name einen anreden und eine Beziehung herstellen. Das Ich öffnet sich von sich aus einem anderen und gleicht darin einem Gesicht, das mich offen ansieht. Es ist darin verletzlich. Zugleich bringt es mich dazu, nach meiner Existenz, nach mir selbst zu fragen. Paulus nennt dann einen zweiten Namen, Timotheus. Wir existieren nicht jeder und jede für sich allein, da ist der andere, die andere, uns darin gleich gestellt. *„Wo zwei oder drei in meinem Namen"...* Natürlich muss ich an dieses Wort des Herrn denken (Matthäus 18,20), auch daran, dass es überhaupt nichts machen würde, wenn in die Friedensgottesdienste nur zwei oder drei Leute kommen würden, Hauptsache, es kommen Menschen in seinem Namen zusammen. Denn es ist sein Name, der Menschen auf den Weg bringt, egal wie. Mit einem Mal fällt mir auf, wie Paulus und Timotheus von sich reden, um eingebracht zu werden in diese Welt. Nach den Namen folgt, was sie sind und wozu: Knechte Jesu Christi. Zwar geht es in ihrem Brief auch um Bischöfe und Diakone, also um kirchliche Mitarbeiter verschiedener Aufgabenbereiche, meinetwegen auch um Hierarchien - ich weiß nur zu gut, wie ich in solchen Situationen mich vorzustellen pflege: mit einer gewissen Zurückhaltung beim Amt, aber um so deutlicher bei Gelegenheit die Kompetenzen und Erfahrungen betonend. Sprach Paulus nicht auch des Öfteren von seinem Apostelamt? Und du denkst jetzt wahrscheinlich, ich schweife ab, was ja auch stimmt, denn so ist meine alltägliche Welt. - Und so ist das, was Paulus sagt, *„Er ist ein Knecht"*: hart. Eine andere Welt. Und wieder schweife ich ab, denke weit zurück an den 24.12.2000, mit seinem Licht und der weichen Stimmung, und wie wir damals gesungen haben: *„Er ist ein Knecht und ich ein Herr, das mag ein Wechsel sein"*. Und jetzt ist das so: Aus dem Erhabensein in diesen Tagen des Dezembers bin ich geworfen in diese bange Zeit und muss fragen: Wer bin ich und was wird sein? - da sagt sein Brief mir: Ja, es geht darum, Knecht zu sein, Knecht Jesu Christi. Nicht um meinetwillen, sondern um seinetwillen. Nachfolge. *„Wer nicht sein Kreuz trägt und mir nachfolgt, kann nicht mein Jünger sein"* (Lukas 14,27).

Ich weiß heute nicht, wie weit ich darin gehen kann und welche Kraft dazu da sein wird. Ich weiß aber, dass es keine andere Wahl gibt als dem, der unser Friede ist, nachzufolgen. Ich glaube, dass es Gerechtigkeit geben wird. Doch schon jetzt und durch wen? Wer wird mich erlösen, fragt Paulus bang und findet zugleich Worte zu danken. Er schreibt davon, dass wir uns nicht selbst rechtfertigen können; wie entsetzlich das ist, wenn der Mensch in dem Widerspruch zwischen Wollen und Tun eingespannt ist und die Frage nach der Zukunft sich jäh eröffnet. Und wir können selbst in der Distanz des Fernsehens den Politikern die Last der Verantwortung und der Entscheidung aus ihren Gesichtern ablesen. Ich habe noch den Ernst unseres Innenministers vor Augen, wie er am Freitag bei einer Talkshow Egon Bahr, der mit dem gleichen Ernst die Effektivität der amerikanischen Geheimdienste in Frage stellte, ermahnte, es sei jetzt nicht die Zeit, Kritik an unseren Freunden auszuüben. Ich habe auch noch im Ohr, wie gestern der Präsident, um seine Entschlossenheit zu unterstreichen, die Schuldigen zu fassen, ein Motiv aus Western-Genre bemühte: „Wanted! Dead or alive". Sag, sind wir im falschen

Film? Doch es gibt die Realität. Und Schiffe der amerikanischen Flotte haben Kurs Richtung Indischer Ozean genommen.

Ich lese, wie Paulus (und Timotheus) die vielen ungenannten, unbekannten Adressaten ihres Briefes ansprechen: *„Gnade sei mit euch und Friede von Gott, unserem Vater, und dem Herrn Jesus Christus"* (Philipper 1,2). Natürlich sind diese Worte bekannt. Irgendwie. Werden sie doch so oder etwas anders in unseren Gottesdiensten gesagt. ‚Kanzelgruß', hatte ich in der Ausbildung gelernt und mag dann wohl zuweilen mit diesen Worten grüßen, wie man so grüßt: Die Form wahren, aber sich dabei auf anderes konzentrieren, weil jenes zu unserer Wirklichkeit gehört und deshalb wichtiger zu sein scheint. Habe ich vergessen, dass es eine andere Richtung gibt? Von Gott kommt der Friede auf uns zu, ganz unabhängig von meinem Wollen und Können. Und auch unabhängig von den Schaltzentralen der Mächte unserer Welt. Der Friede Gottes, eine Gegenwelt: Nein, es ist nicht einfach so, dass ich mich flüchten möchte in eine erträumbare Illusion, es ist auch nicht so, dass ich aus den Abläufen dieser Zeit einfach aussteigen könnte; es ist einfach so, dass dieser grüßende Wunsch gehört werden wird. In ihm gibt sagt sich die Richtung neu an: Friede von Gott, unserem Vater, und unserem Herrn Jesus Christus. Der bringt uns dazu, dann im Lesen, im Hören die Spuren dieser Gegenwelt zu erkennen.

Ich bleibe noch einmal bei Paulus. In den folgenden Zeilen seines Briefes ist eines zu erkennen: Trotz der Zeit der Gefahr sind seine Gedanken von ganz anderem erfüllt, nämlich vom Dank für eine erfahrbare Gemeinschaft, von der Zuversicht, dass diese Richtung, die Gott einmal begonnen hat, die einzige Zukunft haben wird. Sie lehrt das Beten. Kehre ich einmal zu mir zurück und versuche nun gegen alle Betroffenheit und Trauer, gegen alle Ratlosigkeit und Angst jene Begegnungen dankbar zu erkennen, die in eine andere Richtung weisen, so fällt mir ein, und das muss ich euch unbedingt schreiben, dass es so etwas in diesen Tagen gibt, bei euch und bei uns. So hat es am

Sonntag wie in anderen Städten auch in Göttingen einen Gottesdienst gegeben, in dem neben der Predigt des Pastoren der Imam eine Sure aus dem Koran (Sure 5, Vers 32) gelesen hat, die das Recht auf Leben sichert: *„Wer einen Menschen tötet, der tötet die ganze Menschheit, und wer einem Menschen das Leben erhält, so soll es sein, als hätte er der ganzen Menschheit das Leben erhalten.*" Dankbar darf ich erkennen, dass es über trennende Religionen hinweg die Brücke der Humanität gibt, über die gegangen werden kann. Und dafür möchte ich gemeinsam mit allen anderen danken. Und dann muss ich euch auch schreiben, wie am Sonnabend ein Freund aus Sierra Leone angerufen hatte und sagte: „Gott sei Dank, meine Eltern konnten diesen schrecklichen Massakern, von denen hier kaum einer etwas wissen wollte, in eine Höhle entkommen: Jetzt sind sie in Guinea und ich kann was tun, Gott sei Dank". Sein Land ist seit Jahren von einem furchtbaren Bürgerkrieg überzogen worden, und die Außenwelt hat das kaum zur Kenntnis nehmen wollen. Und doch sind jetzt dank der UNO Maßnahmen angelaufen, die jenen Kindersoldaten, dic gezwungen waren, nichts weiter als das töten zu lernen, jetzt das Lesen und Schreiben und Lernen beibringen. Mit den Menschen dort und hier im Gebet verbunden zu sein, es wird zu der Zuversicht führen, dass *der, der das gute Werk angefangen hat, auch vollführen wird* (Philipper 1,6). Und wenn ich diesen Brief des Paulus an die Gemeinde in Philippi weiter lese, dann spüre ich über die Zeiten hinweg die Sorge, wie sich das Zusammenleben gestalten wird, spüre auch die persönlichen Ängste und den Schmerz. Verstehe, wie er suchen muss, seine eigene Begrenzung erkennend: *„Ich schätze mich selbst noch nicht so ein, dass ich es ergriffen hätte. Ich vergesse, was dahinten ist und jage nach dem vorgesteckten Ziel“* (Philipper 3,13). Und fast am Ende kann Paulus dann sagen: *„Ich vermag alles durch den, der mich mächtig macht, Christus"* (Philipper 4,13). Sicher kann dieser durch ihn, durch andere Brücken bauen in dieser Zeit zu einer Zukunft des Frieden Gottes, der höher ist als alle unsere Vernunft: Er bewahre uns alle auf unserem Weg durch diese Zeit.

Göttingen. *Johannes 1, 35 - 50*[6]

Des andern Tages stand abermals Johannes und zwei seiner Jünger. Und als er Jesum sah wandeln, sprach er: Siehe, das ist Gottes Lamm! Und die zwei Jünger hörten ihn reden und folgten Jesu nach. Jesus aber wandte sich um und sah sie nachfolgen und sprach zu ihnen: Was suchet ihr? Sie aber sprachen zu ihm: Meister, wo bist du zur Herberge? Er sprach zu ihnen: Kommt und sehet's! Sie kamen und sahen's und blieben den Tag bei ihm. Es war aber um die zehnte Stunde. Einer aus den zweien, die von Johannes hörten und Jesus nachfolgten, war Andreas, der Bruder des Simon Petrus. Der findet am ersten seinen Bruder Simon und spricht zu ihm: Wir haben den Messias gefunden (welches ist verdolmetscht: der Gesalbte), und führte ihn zu Jesu. Da ihn Jesus sah, sprach er: Du bist Simon, Jona's Sohn; du sollst Kephas (Fels) heißen. Des andern Tages wollte Jesus wieder nach Galiläa ziehen und findet Philippus und spricht zu ihm: Folge mir nach! Philippus aber war von Bethsaida, aus der Stadt des Andreas und Petrus. Philippus findet Nathanael und spricht zu ihm: Wir haben den gefunden, von welchem Moses im Gesetz und die Propheten geschrieben haben, Jesum, Joseph's Sohn von Nazareth. Und Nathanael sprach zu ihm: Was kann von Nazareth Gutes kommen? Philippus spricht zu ihm: Komm und sieh es! Jesus sah Nathanael zu sich kommen und spricht von ihm: Siehe, ein rechter Israeliter, in welchem kein Falsch ist. Nathanael spricht zu ihm: Woher kennst du mich? Jesus antwortete und sprach zu ihm: Ehe denn dich Philippus rief, da du unter dem Feigenbaum warst, sah ich dich. Nathanael antwortete und spricht zu ihm: Rabbi, du bist Gottes Sohn, du bist der König von Israel! Jesus antwortete und sprach zu ihm: Du glaubst, weil ich dir gesagt habe, dass ich dich gesehen habe unter dem Feigenbaum; du wirst noch Größeres denn das sehen.

[6] Predigt am 5.Sonntag nach Trinitatis 2005 in St. Petri Weende

„Und der Herr sprach zu Abram: Geh aus deines Vaters Hause in ein Land, das ich dir zeigen werde“ (1.Mose 12,1). Das Sein beginnt mit dem Werden. Die Augen öffnen sich, das Begreifen beginnt. Ihm folgt das Verstehen, irgendwann.

Im Anfang war das Wort (Johannes 1,1). Es wird zur Sprache. Zeichen werden die Wahrheit deuten. Im Anfang war das Wort, das Gott ist. Gott bleibt nicht bei sich stehen, er wird. Menschen werden. Johannes, der Mensch: Er sieht und spricht. Er versteht, dass er nicht das Zeichen ist. Er weist auf einen anderen. Und er gibt seine Jünger frei, damit sie dem nachfolgen, der in Bewegung ist. Und der Menschen in Bewegung bringt. Sie wissen um die Zeit, bleiben nur kurz, um dann weiter zu sagen und weiter zu suchen, der eine findet den anderen, Andreas den Simon und Philippus den Nathanael. Skeptisch der letztere; übrigens verfügt dieser sogar über eine Bleibe unter einem Feigenbaum: Idylle nach heißem Arbeitstag mag man vermuten, oder Ruhe vor dem Sturm?

Doch: Wir erfahren nichts. Nichts über die Arbeit, nichts über die Gedanken, schon gar nichts über ihre Gefühle, schon gar nichts über ihr Suchen im Glauben und das Zweifeln, das jenen eigen ist, die wissen, dass sie aufbrechen müssen. Wir hören nur von Menschen in ihren Tageszeiten, registrieren vielleicht kurz die verschiedenen Ortsnamen: Bethanien, Bethsaida, Nazareth und die ganze galiläische Richtung, doch wohin geht es eigentlich? Wir hören auch die Namen derer, die angesprochen und bewegt sind- wie hießen sie doch gleich? Ach ja, Andreas und Natanael und Philippus, Petrus natürlich. War da noch ein Johannesjünger? Menschen in offensichtlicher Bewegung, und doch sind sie vergessen. Selbst Kephas, der Fels, von dem Paulus soviel wankelmütiges und die Evangelien soviel beeindruckendes und abgründigmenschliches zu berichten wissen: Selbst er ist, was sein Lebensende anbelangt, vom kulturellen Gedächtnis ausgegrenzt. Trotzdem gibt es die Worte, die wir immer hören. Trotzdem gibt es Menschen, die sich bewegen. Trotzdem steht das Werden vor Augen. Was also bleibt?

„Hier kannst du bleiben“, denke ich und setze mich in einen dieser runden Drahtgeflechtsessel, die auf den Bahnsteigen der Bahn Bequemlichkeit (aber nicht zu lange!) verheißen. Ich war rechtzeitig zum Bahnhof gekommen, hatte am Eingang am neuen Olivenstand vorbei gesehen, dessen Besitzer ich noch aus alten Zeiten kenne, war dann in die Halle des Bahnhofes hineingegangen und hatte die für mich beruhigende Verspätung meines Zuges vernommen, war dann durch den Tunnel, der zu den Bahnsteigen führt, geschlendert. Lachende junge Frauen waren mir entgegengekommen, mit hohen Rucksäcken und Handgepäck, Studentinnen offensichtlich- ach ja, dachte ich, wie war es doch früher, als ich im ersten Semester hier angekommen war, mit einem Koffer und einem Röhrenradio unter dem Arm: diese Zeit des Aufbruchs, so unvergesslich schön. Am Anfang war eine Philosophievorlesung über Plotin, hatte ich verstanden, aber trotzdem. Der Weg der Gedenken in alte Zeiten zurück ist wie ein Tunnel mit dunklen Rändern, die den Blick verengen, umso deutlicher aber vergangene Richtungen beschreiben. Wenn es dann die Treppe zum Bahnsteig herauf geht, weitet sich der Blick. Alles ist auf Ankunft und Abfahrt, auf Bewegung eingestellt. Der eingefahrene Gegenzug auf der anderen Seite des Bahnsteiges entlässt Menschen, sie mischen sich mit den Wartenden, Einsteigende laufen dem Strom entgegen. Liebende umarmen sich so, als lägen Jahre zwischen ihrem letzten Sehen. Eine Mutter versucht, ihr Kind im Kinderwagen sicher aus dem ICE zu bugsieren; das Kind schreit; der Mann, der offensichtlich zu den beiden gehört, steigt hinter der Mutter aus und schleudert seine Worte auf den Bahnsteig. Ein älteres Ehepaar, sie mit einer Gehhilfe, eilt der geöffneten Zugtür entgegen, während der Lautsprecher, der neuerdings auch englisch sprechen muss, die Abfahrt ankündigt: Die Zugbegleiterin gibt den beiden ein beruhigendes Handzeichen. Der Zug fährt ab, meiner wird kommen. Neben mir steht eine Familie, mit Oma. Sie haben prall gefüllte Plastiktüten in der Hand. Der Mann, glänzende Nappa-Lederjacke, Jeans und Adidas-Turnschuhe, sieht mich mit seinen hellen Augen an, kommt auf mich zu und fragt mit rollendem R, ob es hier richtig ist, nach Bebra. Ich zucke mit den Achseln, deute auf den gegenüberliegen Bahnsteig: „Gleis 6. Oder 7. Sehen wir doch mal bei Abfahrt nach“. Ich stehe auf. Es ist Gleis 5. „Ich heiße Karl“, sagt er. „Und das ist Svetlana, meine Frau“. „Ich heiße Wolfgang“. Sie haben noch Zeit. Mein Zug jedoch kommt.

Menschen in Bewegung. Alle haben ihr eigenes Ziel. Nichts wissen wir von einander, flüchtig nur begegnen sich die Blicke, vergessen ist bald der Ausdruck der Gesichter. Wenn ich mehr erfahren wollte, müsste ich rechtzeitig aufgestanden sein, einfach hingehen und sehen. Aber das macht man ja nicht einfach so. Außerdem müsste man dazu eingeladen sein. Habe ich bei Karl etwas verpasst? Bei dem Olivenhändler am Eingang würde es übrigens gehen, vielleicht später. „ Komm und sieh“, könnte er sagen, „ich habe gerade Zeit“. Ich würde ihn nach seiner Mutter fragen, und er würde mir strahlend antworten, dass es ihr gut gehe, aber sie hätten sich so lange nicht gesehen, es sei so schwierig mit der Politik im Iran. Und dann würde er mich fragen, ob es unserem Sohn gut ginge und ob es in der Kirche immer noch Stress gebe. Wir würden über vieles reden, miteinander lachen, würden die Politik nicht ausklammern (die deutschen Interessen im Iran und seine Erfahrungen im Widerstand gegen Khomeni), ich würde aber von mir aus zwei Themen nicht ansprechen: Die Religion und die Ehe. Es gibt Ziele, die zum eigenen Lebensentwurf gehören und die durch unseren Respekt geschützt sein müssen. Doch sie dürfen uns nicht gleichgültig sein, weil sie es sind, die den Bewegungen des Lebens Richtung verleihen. Wenn ich nicht sitzen bleiben will, muss ich aufstehen und suchen, oft genug auch mit neuen Augen suchen, um die richtige Richtung auszumachen. Gut ist es, dabei nicht allein zu sein und das eigene Suchen des anderen in seinem Grund zu verstehen. Denn: Jeder sucht.

„Was suchet ihr“ (Johannes 1,37)? Es ist der erste Satz, den Jesus im Johannesevangelium sagt. Weil er um diese Grundeinstellung menschlicher Existenz weiß, sie auch nicht anhält, sondern zulässt: „Komm und sieh“. Es wird übrigens offen gelassen, ob die Suchenden auch gefunden haben oder ob sie deshalb in Bewegung sind, weil das Ziel selbst noch nicht erreicht ist. „Wo bleibst Du?“ fragen die Jünger ihren Herrn; Luther übersetzt mit: *„Wo bist du zur Herberge“* (Johannes 1,38), und hat Recht damit, denn man kann nur da bleiben, wo man zu Haus ist, sich geborgen weiß und sich nichts ändert. Doch wo ist das? Die einladende Antwort Jesu, zu kommen und zu sehen, verrät nichts über den Ort des Bleibens. Kein Ort. Nirgends?

Namen werden genannt. Wie Schemen vielleicht. Nichts ist fassbar. Aber: sie sind ansprechbar, die Menschen in Bewegung. Bei der ersten Begegnung mit dem Bruder des Andreas spricht Jesus ihn mit dem Namen an, ohne dass dieser sich vorstellen muss. Bei Gott muss man sich auch nicht vorstellen, braucht nicht darstellen, was man ist und so. Der kleinbürgerliche Dorfschulze des 18. Jahrhunderts pflegte den Wanderer zu fragen: „Wie heißt du, was kannst du, woher kommst du, wohin gehst du“ und stellte so die Frage nach dem Namen in den Zusammenhang der Kontrolle. Bei Gott ist jedoch alles klar. Deshalb gibt es für ihn nur die Anrede. Sie bringt den Menschen anders auf den Weg. Frei, wie fröhliches Reisen. *„Mache dich auf in ein Land, das ich dir zeigen werde“* (1. Mose 12,1).

Damit wir nicht verstummen, werden uns für die Weg-Zeit seine Namen genannt: *„Siehe, das ist Gottes Lamm. Der Messias; Josephs Sohn, aus Nazareth; Rabbi; Gottes Sohn; König von Israel; der Menschensohn“*. Sieben Namen also, die das Licht der Welt jeweils von einer ganz verschiedenen Seite bezeichnen und in ihrer zeichenhaften Vielgestalt zugleich Ausdruck einer Einheit sind, die sich nicht in Worte fassen lässt. Zugleich aber erinnern sie an die sieben Tage der Woche, an die Zeit der Schöpfung und was am Anfang war, aber vor allem das: Über jeden Tag, über jeden Augenblick unserer Wege steht sein Name, so verschieden die Richtungen auch sind. Und wenn der iranische Olivenhändler das Thema Religion ausklammert, so steht doch das Ziel der Gerechtigkeit des Höchsten vor Augen; und wenn die Familie von Karl und Svetlana in Bebra endlich angekommen sind, so sollen sie wissen, dass sie bleiben und sicher wohnen können und auch genug haben. Und wenn der schreiende Vater nicht mehr tragen kann, so soll er wissen, dass es einen gibt, der tragen will, auch die Schuld. Und wenn die Liebenden sich loslassen müssen, so sollen sie wissen, dass es ein Bleiben gibt. In seiner Liebe. Und wenn wir, so verschieden wir sind, uns auf die Wege unseres Lebens machen: Bestimmt, irgendwann werden wir sehen und schmecken, wie freundlich der Herr ist. Wenn Himmel und Erde sich berühren und wir eins sind in ihm und er in uns. Es ist dann, wenn die Seele singen wird. Schon jetzt.

Singt, singt dem Herren neue Lieder,
er ist´s allein, der Wunder tut.
Seht, seine Rechte sieget wieder,
sein heilger Arm gibt Kraft und Mut.
Wo sind nun alle unsre Leiden?
Der Herr schafft Ruh und Sicherheit;
er selber offenbart den Heiden
sein Recht und seine Herrlichkeit[7]*.*

[7] Matthias Jorissen, Singt, singt dem Herren neue Lieder (1798), EG 286, Strophe 1

Göttingen-Weende. *1. Mose 28, 10 - 14* [8]

„*Christus hat dem Tod die Macht genommen*" (2.Timotheus 1,10). Deshalb gehört es zu unserer Aufgabe, dass wir uns der Trauer stellen, ihr Raum geben und Ausdruck verleihen; dass wir einen Ort des Gedenkens haben, zu dem wir gehen können und von dem aus wir aufbrechen können. Ein Hauch von Leben - unvergessen. Um bewahren zu können, werden wir im Anschluss an diesen Gottesdienst einen Gedenkstein auf unserem Friedhof enthüllen. Um hoffen zu können, werden wir jetzt einen Abschnitt aus der Bibel (1. Mose. 28,10-13a.16-14a) hören.

„*Aber Jakob zog aus von Beerseba und machte sich auf den Weg nach Haran und kam an eine Stätte, da blieb er über Nacht, denn die Sonne war untergegangen. Und er nahm einen Stein zu seinen Häupten und legte sich an der Stätte schlafen. Und ihm träumte, und siehe, eine Leiter stand auf Erden, die rührte mit der Spitze an den Himmel, und siehe, die Engel Gottes steigen daran auf und nieder. Und der Herr stand oben darauf und sprach: Ich bin der Herr. Als nun Jakob von seinem Schlaf erwachte, sprach er: Fürwahr, der Herr ist an dieser Stätte, und ich wusste es nicht! Und er fürchtete sich und sprach: Wie heilig ist diese Stätte! Hier ist nichts anderes als Gottes Haus, und hier ist die Pforte des Himmels. Und Jakob stand früh am Morgen auf und nahm den Stein, den er zu seinen Häupten gelegt hatte, und richtete ihn auf zu einem Steinmal und goss Öl darauf und nannte die Stätte Bethel*".

Da ist der Stein gewesen und hier sind wir, können ihn sehen und fühlen: Er ist älter als wir, seine Zeit übersteigt bei weitem unser persönliches Gedächt-

[8]Predigt am 16. Sonntag nach Trinitatis 2007 in St. Petri Weende. Seit dem Jahr 2002 werden drei bis viermal im Jahr auf dem kirchlichen Friedhof St. Petri- Weende unentgeltlich Kinder bestattet, die bereits vor ihrer Geburt gestorben sind. Diese Beerdigungen werden zusammen mit der ‚Aktion Regenbogen durchgeführt. Am 21.9.2007 ist hier ein Gedenkstein errichtet worden, den einGöttinger Steinmetz gestiftet hat. Die Inschrift nimmt das Motto der ‚Aktion Regenbogen' auf: „Ein Hauch von Leben-Unvergessen". So haben betroffene Angehörige einen Ort der Trauer und des Gedenkens. Darauf bezieht sich diese Predigt.

nis, ja auch unser kulturelles Gedächtnis. Unzählige Namen könnte man in ihm eintragen, auch den des Jakob; und so könnte der Stein Gestalt und zu einem Ausdruck menschlicher Geschichte werden. Doch jener Stein war stumm gewesen. Und hart. Jakob aber nahm ihn und legte ihn unter seinen Kopf. Denn selbst die Härte kann einen stützen.

Da ist Jakob gewesen und hier sind wir. Mit unseren Gedanken. Den Erinnerungen. Mit dem Wissen um die Brüche, mitten im Leben. Mit der Trauer, die sich einnistet, verkapselt und nur selten sich zu Wort meldet und einen Ausdruck findet. Da ist Scham, das Wissen um Schuld. Auch dem Jakob ist die Sonne untergegangen. Kein Wort verliert er darüber, was in seinem Leben gewesen war. Auf der Härte des Steines schläft er. Und ihm träumt, und siehe, es ist ganz anders als wir es kennen: es sind keine Albträume, die das Geschehene aufreißen: Es sind keine Wunschträume, die das Gewesene für einen Sekundenbruchteil zu überdecken suchen, um dann umso jäher mit dem Schmerz der Realität zu konfrontieren; - Jakobs Traum ist der Traum einer ganz anderen Welt, die keine Verknüpfung mit dem bisher Erfahrenen erkennen lässt, wenngleich die Leiter, auf dem Engel Gottes auf- und absteigen....ach nein, wörtlich übersetzt ist es keine Leiter, sondern eine Treppe wie in einem Palast. Und eine solche Treppe ist aus Stein, und Jakobs Kopf ruht auf einem Stein, so als ob trotz der Härte, so als ob mit der Härte etwas ganz Neues beginnt, das nach einer anderen Richtung weist.

Da ist Jakob im Traum, er sieht nach oben, sieht also von sich ab, sieht den, den man nicht sehen darf und dessen Name unaussprechlich ist. Unsagbar, vielleicht auch unsäglich ist der, der alles so herrlich regieren und an der Spitze stehen soll, der aber in Wirklichkeit- ach nein, ich darf mit meiner Erfahrung nicht so schnell urteilen, muss genauer hinsehen, von der Traumdeutung ablassen und seine Sprache zunächst genau übersetzen, verstehen, was da geschrieben steht. Und da steht: „Der Herr stand über ihm. Und zugleicht steht da: „...neben ihm“. על ‚über und neben: Im Hebräischen hat dieses Wort zwei Bedeutungen. Beides gilt und ist zusammen gemeint. Der Herr ist hoch erhaben. Und: Gott kommt die Treppe runter, um dort bei dem zu stehen, der auf hartem Stein liegt. Deswegen gibt Jakob dem Stein einen Namen. Bethel. Haus Gottes. Deswegen kann Jakob von diesem Ort weggehen. Weil er weiß, dass der Herr nicht oben in der Ferne bleibt, sondern herunter kommt, um nah zu sein und mitzugehen.

Da ist Jakob gewesen und sein Stein könnte reden. Hier sind wir, und da ist ein Stein auf dem Friedhof, der etwas ausdrücken wird: Ein Hauch von Leben - unvergessen. Leben, das so jung gewesen ist, so einmalig, das tief innen kommuniziert hat, und es waren soviel Träume da, Hoffnungen: Es ist so hart, wenn alles anders geworden ist, wenn wie von oben genommen worden ist, was die gleiche Hand gegeben hat. Hart und versteinert kann innen das Herz werden, wenn keiner von außen hören will, wenn die Sprache sich versagt. Meine Mutter musste über 90 Jahre alt werden, ehe sie davon sprechen konnte, dass sie eine Totgeburt gehabt hatte; ich aber blieb stumm, wusste nichts zu sagen und wusste nicht zu teilen. Trost hatte sie wohl auch nicht erwartet, weil es diese Härte gibt, die sie an sich gefordert sah, dies Verlangen nach Fassung und Kontrolle.

Ein Hauch von Leben ist jedoch frei. So waren wir an einem Mittwoch in diesem Monat zusammengekommen, um unweit der Stelle, wo der Stein steht, junges Leben, das viel zu früh gestorben war, zu beerdigen. Gut, das es Tränen gab, weil sie von innen heraus fließen und etwas ausdrücken, was Worte nicht sagen können. Und als der Segen über dem Grab gesprochen war, löste eine Mutter einen mitgebrachten Luftballon. Langsam stieg er in den blauen Septemberhimmel und ließ die gesenkten Köpfe sich nach oben richten. Es lässt sich in der Härte der Trauer nicht einfach eine Treppe träumen, wohl aber lässt sich die Perspektive wechseln. Der Ort der Trauer und der Blick nach oben. So fern, so nah kann er sein. Ein Hauch von Leben – unvergessen. Und ein Gott, der nicht vergisst. Der heruntergekommen ist, um mitzugehen. Wir gingen von der Grabstelle weg, um dann mit denen, die wollten, im Gemeindehaus einen Kaffe zu trinken. Still war es zunächst, doch dann fanden sich Worte ein, teilten gegenseitig die Leere mit, aber auch erfahrene Hilfe und Nähe: in der Gruppe, bei Freunden, im Krankenhaus. Eltern sagten, dass sie ihr Kind noch hätten sehen dürfen. „Wie ein kleiner Raumfahrer sah er aus“ sagte ein Vater leise, „wie ein kleiner Raumfahrer“. Ein Hauch von Leben - Bote zwischen den Welten. Hart war der Stein, auf dem Jakob gelegen hatte, doch er hat anders gesehen dass, der oben ist, unten sein will, ganz nah.

Wir brauchen den Ort der Trauer, wir brauchen den Stein, der alles aufnimmt. Wir brauchen den, der mitgeht, damit wir gehen können, wohin er uns stellt.

Befiehl du deine Wege
Und was dein Herze kränkt,
Der allertreusten Pflege
Des, der den Himmel lenkt!
Der Wolken, Luft und Winden,
Gibt Wege, Lauf und Bahn,
Der wird auch Wege finden,
Da dein Fuß gehen kann.[9]

[9] Paul Gerhardt, Befiehl du deine Wege (1653), EG 361,1

Washington. *Matthäus 8 ,5 - 13*[10]

Als er nach Kafarnaum kam, trat ein Hauptmann an ihn heran und bat ihn: Herr, mein Diener liegt gelähmt zu Hause und hat große Schmerzen. Jesus sagte zu ihm: Ich will kommen und ihn gesund machen .Da antwortete der Hauptmann: Herr, ich bin es nicht wert, dass du mein Haus betrittst; sag nur ein Wort, dann wird mein Diener gesund. Auch ich muss Befehlen gehorchen und ich habe selber Soldaten unter mir; sage ich nun zu einem: Geh!, so geht er, und zu einem andern: Komm!, so kommt er, und zu meinem Diener: Tu das!, so tut er es. Jesus war erstaunt, als er das hörte, und sagte zu denen, die ihm nachfolgten: Amen, das sage ich euch: Einen solchen Glauben habe ich in Israel noch bei niemand gefunden. Ich sage euch: Viele werden von Osten und Westen kommen und mit Abraham, Isaak und Jakob im Himmelreich zu Tisch sitzen; die aber, für die das Reich bestimmt war, werden hinausgeworfen in die äußerste Finsternis; dort werden sie heulen und mit den Zähnen knirschen. Und zum Hauptmann sagte Jesus: Geh! Es soll geschehen, wie du geglaubt hast. Und in derselben Stunde wurde der Diener gesund.[11]

Sag nur ein Wort...

„Yes we can“. Es gibt keinen, der es nicht kennt. Dieses Wort, das das Neue ansagt. Das die Bewegung aus lähmender Erstarrung verspricht und das vergessen lässt, was einmal war, auch wer es war, der Bush vor dem Irak-Krieg versprochen hatte, an seiner Seite zu stehen. „Yes we can“. Und dann stand er an diesem kalten Dienstag vor dem Capitol. Und es gab keinen, der nicht ergriffen war, beim Zusehen (live oder später in den Aufzeichnungen des Fernsehens): als Aretha Franklin gesungen hatte; dieses Lächeln seiner Frau beim kleinen Versprecher; die Tränen der älteren Afro-Amerikanierin,

[10] Predigt am 3.Sonntag nach Epiphanias 2009 in St.Petri- Weende*

[11] Text aus: Die Bibel. Einheitsübersetzung, Katholisches Bibelwerk Stuttgart 1980

die damals beim Marsch der Bürgerrechtsbewegung auf das Capitol mit dabei gewesen war: „I can't believe it“, sagte sie.

Und dann seine Worte.
Hoffentlich gehen sie nicht unter. Hoffentlich geht sie nicht verloren, diese vom Glauben getragene Kraft: *„An diesem Tag sind wir hier, weil wir die Hoffnung über Furcht gewählt haben, Einigkeit in unseren Zielen anstelle von Konflikt und Zwietracht“.* Und dann sagte Obama ein einziges Wort, das deutlich macht, dass politische Vernunft nicht mit messianischer Verheißung, dass Persönlichkeit nicht mit kindlicher Allmachtsphantasie zu verwechseln ist. *„Jetzt ist die Zeit da, Kindereien beiseite zu lassen“.* Mit diesem Wort bezog sich der Präsident auf 1. Kororinther 13, 11f: *„Als ich ein Kind war, da redete ich wie ein Kind und war klug wie ein Kind...Als ich aber ein Mann wurde, tat ich ab, was kindlich war. Wir sehen jetzt in einem trüben Spiegel ein rätselhaftes Wort, dann aber von Angesicht zu Angesicht. Jetzt erkenne ich stückweise, dann aber werde ich erkennen, gleichwie ich erkannt bin“.*

Dieses Wort bedeutet die Bescheidenheit der Partikularität. Es bedeutet die Absage an die kindliche Potentialität. Gewiss: Ein Kind muss sagen können: „Ich kann das“. Auf dem Weg zum Erwachsen- Sein muss es jedoch lernen, dass es Grenzen der eigenen Möglichkeiten gibt. Die Existenz steht in einer Spannung zwischen Anspruch und Realität.

„Sag nur ein Wort“.
Es wird sich zeigen, welche Widerstände es hervorruft und welche Wege es gehen muss. Die erste Anordnung des Präsidenten war die Schließung des Gefangenenlagers Guantanamo; es wird sich zeigen, welche Länder bereit sind, die Gefangenen aufzunehmen. Mit der Anordnung verbunden ist das Verbot der Folter. Also auch des water - boardings. Menschenrechte werden wiederhergestellt in diesem Land. Es wird sich zeigen, welche Verhörprakti-

ken die Militärs anwenden, wenn sie selbst unter dem Druck der Gefahr und der Angst stehen. Der römische Hauptmann, der centorurio oder auch caput genannt wird (Asterix-Leser wissen mehr), beschreibt ganz offen und unverholen, wie es beim Militär zugeht, zugehen muss in einer Einrichtung, die den Widerspruch nicht zum Organisationsprinzip erheben kann: *„Auch ich muss Befehlen gehorchen und ich habe selber Soldaten unter mir; sage ich nun zu einem: Geh!, so geht er, und zu einem andern: Komm!, so kommt er, und zu meinem Diener: Tu das!, so tut er es".* Ein einziges Wort nur bestimmt die Richtung des Handelns und seine Folgen – bei Lichte besehen ein ziemlich kindliches Prinzip performatorischer Allmacht. (Übrigens: In unserer Bundeswehr wird verlangt, dass jede und jeder SoldatIn die Rechtmäßigkeit von Befehlen durchschauen kann und sich gegebenenfalls ihnen widersetzen muss: Befehl und Gehorsam sind kein Automatismus). Trotzdem: Wir können es uns vorstellen, wie es funktioniert.

Ungesagte Worte,
in das Morgengrauen hineingebellt. *„Aufstehen. Fertigmachen zum Appell...Na, wer liegt denn da noch in den Federn? Was soll das heißen: 'Ich fühle mich schlapp? Ich bin wohl krank, ich kann nicht'? Ich kann nicht heißt: Ich will nicht! Ich will dir sagen, was du kannst: Steh auf!"* - Und wenn er, den die Bibel als Diener, als Knecht, als Sohn, als Knabe bezeichnet - wenn der dann trotz aller Worte und Befehle einfach unten liegen bleibt, dann kann man sich vorstellen, wie das Gesicht des Hauptmanns ausgesehen hat (so wie in: Asterix und die Goten), wie er gedroht und getobt hat: *„Sie sind alle so dumm und ich bin ihr Chef"*[12].Also: Diese Ohnmacht, dieses Zerbrechen mächtiger Existenz durch eine Krankheit zum Tode, die das, was gegolten hat, also auch das Regelwerk militärischer Institution, durchbricht. Da wird

[12] Goscinny/ Uderzo, Asterix und die Goten, Stuttgart 1986, S. 22. Auf lateinisch heißt es: „Omnes insani atque caput eorum...".Vgl dies., Asterix apud Gothes, Stuttgart o.J

der 'caput' selbst zum Kaputten. Ungläubig ist er, doch er hat jetzt nur dieses eine, dieses bittende Wort *„Herr"*.

„Herr, mein Diener liegt gelähmt zu Haus und hat große Schmerzen".
Wir müssen verstehen, wie er das sagt. Nicht emphatisch und Mitleid erheischend, auf die Tränendrüse drückend und so... Sondern: militärisch knapp. Nicht kindlich weich. Nur die nötigste Information, sich zur Sache äußernd. Sachlich tritt der Mensch in Beziehung zum ganz anderen, damit die Lähmung endlich weicht und Neues entsteht. *„An diesem Tag kommen wir zusammen, um das Ende belangloser Beschwerden und falscher Versprechungen auszurufen, der gegenseitigen Beschuldigungen und abgenutzten Dogmen, die viel zu lange unserer Politik die Luft abgeschnürt haben"*. Gehen wir vom Capitol zum Caput, zum Hauptmann zurück, so sehen wir, dass es die Sachlichkeit, die Erkenntnis der Partikularität ist, durch die der Mensch in Beziehung zu Gott tritt. Ein Kollege aus Thüringen berichtet von einer Umfrage, der zufolge es gerade die atheistischen Jugendlichen sind, die in besonderen Situationen beten. Was steht dahinter? Die Erkenntnis der eigenen Begrenztheit? Das Angewiesensein auf den, der ganz anders ist?

Es ist Jesus, der sich dem Wort des Ungläubigen nicht entzieht und ihm genau sagt, was sich die Glaubenden vom Messias erhoffen: *„Ich will kommen"*. Der Christus sagt seine Nähe an. Der Hauptmann aber wehrt ihn ab. *„Ich bin es nicht wert, dass du mein Haus betrittst"*. Ein Kind hätte ja anders reagiert: „*Klasse*". Ein kindlich Glaubender hätte sagen können: *„ O ja, Herr, komm"*. Doch – wie gesagt- der Hauptmann wehrt ab: „ *Ich bin es nicht wert*". Freud hätte diagnostiziert: Triebabwehr durch zensorisches Über-Ich. Doch es geht um den Glauben, der erwachsen ist und die Kindheit abgelegt hat; der abwägen kann und Gegenteiliges bedenkt; der es auch nicht brauchen kann und haben will, dass Obama zum Messias erhoben wird; der auch nicht in

Schweigen verharrt, um die Tiefe des eigenen Seins meditativ auszuloten; er will nur eines: Beziehung. Kommunizierendes Handeln.

„Sag nur ein Wort“.

Dieses Wort ist die Liebe. *„Jetzt erkenne ich stückweise. Dann aber werde ich erkennen, gleich wie ich erkannt bin“*(1. Korinther 13,12). 'Erkennen' heißt in der Sprache der Bibel ' Lieben'. Das Wort seiner Liebe in der Sachlichkeit gemeinsamer Aufgaben zu erkennen: darum geht es.

„Denn wir wissen, dass unser Patchwork - Erbe eine Stärke und keine Schwäche ist. Wir sind eine Nation von Christen und Muslimen, Juden und Hindus – und Nicht-Gläubigen. Wir sind geformt durch jede Sprache und Kultur aus jedem Winkel dieser Erde; und weil wir den bitteren Geschmack des Bürgerkriegs und der Teilung geschmeckt haben, und aus diesem dunklen Kapitel stärker und vereinter hervorgegangen sind, können wir nicht anders als daran glauben, dass alter Hass eines Tages vorbeigeht“.

Das Wort der Liebe

zu hören und zu sagen: das soll entdeckt werden. Sodass wir mit Gott und der Welt versöhnt leben können und Himmel und Erde sich berühren können. Lasst es uns versuchen und miteinander singen:

Erd und Himmel sollen singen vor dem Herrn der Herrlichkeit,
alle Welt soll hell erklingen, loben Gott zu dieser Zeit.
Halleluja, dienen ihm in Ewigkeit.

Darum kannst auch du nicht schweigen vor dem Herrn der Herrlichkeit,
deinen Dank ihm zu erzeigen, lobe Gott zu aller Zeit.
Halleluja, diene ihm in Ewigkeit[13]*.*

---

[13] Paul Ernst Ruppel, Paulus Stein, Erd und Himmel sollen singen (1957/61), EG 499

Winnenden. *1. Mose 22, 1 - 14*[14]

Auch heute gehen unsere Gedanken zurück. Das Geschehen in Winnenden: so grausam, so unfassbar. Fünfzehn Menschen, die das Opfer eines rasenden Täters wurden, bevor er sich selbst zum Opfer machte. Die unterschiedlichen Verlautbarungen über die therapeutische Vorgeschichte des 17jährigen zeigen nur eines: dass die Tat nicht mit erklärendem Verstehen begriffen werden kann. Was wir tun können, ist: Unser Mitgefühl mit den Familien zu bekunden, mit den Freundinnen und Freunden, den Schülerinnen und Schülern, dem Lehrerkollegium der Albertville-Realschule in Winnenden. Was wir tun müssen, ist: uns den Ursachen der Gewalt grundsätzlich zu stellen; und wenn ich sage 'grundsätzlich', dann wird an dieser Stelle das Verhältnis von Religion und Gewalt zu bedenken sein. Ich weiche deshalb vom vorgeschlagenen Predigttext ab und lese stattdessen Abschnitte aus dem 1. Buch Mose den Beginn des 22. Kapitels: Isaaks Opferung.

Die Versuchung des Atheismus:

Nach diesen Geschichten versuchte Gott Abraham und sprach zu ihm: Abraham! Und er antwortete: Hier bin ich. Und er sprach: Nimm Isaak, deinen einzigen Sohn, den du lieb hast, und geh hin in das Land Morija und opfere ihn dort zum Brandopfer auf einem Berge, den ich dir sagen werde.

„Gott versuchte Abraham“. Dieses ist ein Satz aus der Bibel, den ich nicht verstehen kann und den ich nicht verstehen will. Denn er bedeutet, dass Abraham, der Mensch, der Vater aller Väter, nichts anderes ist als ein Spiel seines allmächtigen Willens, ausgeliefert und ausgesetzt, um zu erweisen, was jenem zu willen ist. Kann sich Gott so weit vom Menschen entfernen, um ihm gegenüber den bedingungslosen Gehorsam und den Verzicht auf den Nächsten und Liebsten, den Abraham hat, den Tod des eingeborenen

---

[14] Predigt am Sonntag Okuli 2009 in St. Petri-Weende *

Sohnes also, einzufordern? Kann der Höchste also so grausam, so gewalttätig sein? Weiß nicht, welche Worte die Seelsorger in Winnenden haben finden können, um zu trösten. *„Siehe, um Trost war mir sehr bange“*, heißt es (Jesaja 37,17). Und im Psalm 77: *„Hat Gott vergessen, gnädig zu sein“ (Psalm 77,10)*? Dass das Leben so sein kann, als ob sich Gott gegen sich selbst stellt. Die verständliche Verzweiflung des Atheismus würde hier mit dem kreisenden Denken aufhören. Trotzdem erzählt die Bibel hier weiter.

Die Gewalt des Vaters:

Da stand Abraham früh am Morgen auf und gürtete seinen Esel und nahm mit sich zwei Knechte und seinen Sohn Isaak und spaltete Holz zum Brandopfer, machte sich auf und ging hin an den Ort, von dem ihm Gott gesagt hatte. Am dritten Tage hob Abraham seine Augen auf und sah die Stätte von ferne und sprach zu seinen Knechten: Bleibt ihr hier mit dem Esel. Ich und der Knabe wollen dorthin gehen, und wenn wir angebetet haben, wollen wir wieder zu euch kommen.

Abraham ist ein Mann. Er ist Vater. Er schweigt. Abraham wird durch sein männliches Schweigen (weil er den Widerspruch nicht wagt,), wird durch dieses männliche Auf-Sich-Nehmen, wird durch seine Hand, die zu arbeiten und das Holz sicher zu spalten weiß (ganz alltägliche Abläufe, derer es keiner wortreichen Erklärungen bedarf) - Abraham wird dadurch zum möglichen Gewalttäter. Obwohl er und gerade weil er, wie gesagt, das eigentlich Normale macht: Den Esel beladen, das Holz in kleine Stücke zu hauen, den Gottesdienst vorzubereiten. Gut eingewiesen und nicht anders gewohnt stellt er sich auf die religiöse innerliche Handlung ein, hat es eben mit sich abgemacht, ohne ein Wort darüber zu verlieren. Er begibt sich an einen anderen, an einen geheimnisvollen Ort, begibt sich also, würde man heute sagen, in eine Parallelwelt, lässt deshalb die außen Stehenden, die Knechte, zurück. Spaltet sich also ab von der Realität der mit ihm Lebenden. Der Rückzug auf das Innere, der Rekurs auf das esoterische Geheimnis, die Abspaltung von der Außenwelt ist eine der Bedingungen der Gewalt. Vor zwanzig Jahren beschrieb der Soziologe Ulrich Beck das Selbstverständnis der Moderne mit dem schönen Fremdwort der Selbstreferenz[15], was nichts anderes heißt als dass man – wie vor der Glotze oder dem Flachbildschirm des Rechners - sich sein eigenes Weltbild zu Recht zimmert. Selbstdeutung als Weltdeutung: ein Vorgang der medialen Vereinsamung. Tim K. wird, wenn man den Medien glauben darf, als der ruhige, unauffällige, zuvorkommende Junge beschrieben, den man aber nicht weiter kennt. Natürlich hatte er seinen Rechner und seine dadurch abrufbare und sich aufbauende parallele Welt. Vergessen wir nicht: Auch Abraham hat seine parallele Welt. Ohne die Kraft eigener Vorstellung ist Religion nicht denkbar. Dichtung übrigens auch nicht. Jede Kreativität beruht auf der Möglichkeit eigener Vorstellungskraft. Die Frage ist nur, wie sich diese mit der Wirklichkeit vermittelt oder wie stark fiktive Ideen die Realität überlagern. Das Gemeine an Computerspielen ist, dass man selbst aktiv zu sein glaubt und sich im Bewusstsein wiegt, alle Prozesse steuern zu können.

Ich weiß noch, wie ich mit meinem Windows 95 Programm auf Moorhuhnjagd gegangen bin, gar nicht von den bizarren Figuren einschließlich des Fesselballons genug kriegen konnte und mich nicht nur über das Geballer der Schrotflinte, sondern über die Treffer selbst auf der Moorhuhnbrust erfreuen konnte: Was unterscheidet das eigentlich von der ersten und der letzten Version von Counterstrike, die wahrscheinlich alle Jugendliche ab 14 kennen? Wenn eine Gesellschaft etwas gegen Jugendgewalt tun will, dann kann sie entsprechende Spiele und Videos im Internet abblocken; technisch bestehen diese Möglichkeiten. Wenn wir als Kirchengemeinde etwas tun wollen, dann müssen wir deutlich machen, dass wir für unsere Jugendlichen da sind. Auch nach der Konfirmation. Sicher ist das das ‚Konfi-Camp' unserer Region der

[15] Ulrich Beck, Risikogesellschaft. Auf dem Weg in eine andere Moderne, Frankfurt 1986

Schritt in die richtige Richtung. Doch: Wenn wir Seniorenfreizeiten machen, warum nicht auch Freizeiten für Jugendliche? Wenn wir Kinderferienwochen machen, warum nicht auch eine solche Woche mit entsprechendem Programm für Leute zwischen 16 und 18? Wir müssen spannende Phantasiewelten zulassen und zugleich Begegnungen ermöglichen. Wir müssen das Internet konstruktiv nutzen: eine Homepage sowieso, aber mit einem Chat-room, in dem Jugendliche bei uns verlässliche Gesprächspartner finden. Dieses ist mein Antrag an den Kirchenvorstand. Wir müssen jungen Menschen die Möglichkeit geben, sich bei uns in der Kirche einzubringen, zu gestalten und Verantwortung zu übernehmen: Ein Kirchenvorstand, und verstünde er sich noch so jugendlich, kann das nicht stellvertretend leisten. Wir müssen...- genau, ich erinnere mich an Engelbostel 1976 - ein Junge aus diesem Konfirmandenjahrgang, der immer allein vor seinem Commodore 74 saß - wir müssen erlebnisreiche Alternativen anbieten, durchaus also mit Bezug auf eine Gegenwelt, die aber kreativ und sozial gestaltet werden kann. Wir müssen... - und damit unterstreiche ich die Herausforderung, die an uns als Gemeinde ergeht - wir müssen Aktivitäten ermöglichen, die über die Interaktion einer Lan-Party hinausgehen. Wir dürfen uns also nicht der Stille Abrahams behaften, die das Opfer stillschweigend hinnimmt. Übrigens: das Vernichtenste, was unter Jugendlichen in den letzten Jahren über andere gesagt werden konnte, war: „Du Opfer". Bis in die vierte, dritte Klasse sagt man das. Und wenn das gesagt wurde, dann war es nicht nur so, dass man megaout und uncool war, sondern es ist wie ein Fluch: Da ist einer, der nichts, absolut nichts tun und sagen und geben kann, sondern nur still sein will, wehrlos und eigentlich so gut wie tot. In jeder Klasse mindestens einer, der sich dieses anhören muss. Wie oft wird es Tim K. gehört haben? Abraham geht wortlos los, um zu opfern. Wir aber, die wir gegen die Pershings und SS 20 auf die Straßen gegangen sind, um uns der Maschinerie der Vernichtung zu erwehren, - wir müssen unseren Mund dagegen auftun, dass statistisch gesehen jeder Zweite in unserem Land im Besitz einer Feuerwaffe ist. Sich damit nicht abzufinden: das ist ein Lernprozess. Lernen heißt Fragen zu stellen. Hören wir, wie Isaak fragt.

Lernprozesse

Und Abraham nahm das Holz zum Brandopfer und legte es auf seinen Sohn Isaak. Er aber nahm das Feuer und das Messer in seine Hand; und gingen die beiden miteinander. Da sprach Isaak zu seinem Vater Abraham: Mein Vater! Abraham antwortete: Hier bin ich, mein Sohn. Und er sprach: Siehe, hier ist Feuer und Holz; wo ist aber das Schaf zum Brandopfer? Abraham antwortete: Mein Sohn, Gott wird sich ersehen ein Schaf zum Brandopfer. Und gingen die beiden miteinander.

Nach Lage der Dinge verdeckt Abraham bewusst die Wirklichkeit und sagt beschönigend: „*Gott wird sich ersehen ein Schaf zu seinem Brandopfer*". Es ist doch alles klar. Abraham verschleiert, aus welchem Interesse auch immer. Mit dieser Lüge begründet er die Absicht der Gewalt. Isaak aber fragt, mit klarem Verstand und wachem Wirklichkeitsbezug, auch wenn er - ohne es zu wissen - sich gegen die Autorität seines Vaters stellt: „*Wo ist aber das Schaf?*" Es ist die Realität, die den religiösen Vollzug kritisch auf seinen Bedeutungsgehalt befragt. Es ist die aufgeklärte Vernunft, die der religiösen Handlung zu ihrem wahren Vollzug verhelfen will. Die Möglichkeit des Lernens, das sichere Ausüben der Realitätskontrolle weist die autoritäre väterliche Gewalt in ihre Schranken. „Wo ist denn"? Ja, man wird wohl fragen dürfen und fragen müssen. Ich kann mir schlechterdings nicht vorstellen, wie es in einer Klasse mit 30, 32 Schülern möglich sein soll, ein Lernklima zu erzeugen, in dem man spontan fragen kann und darf. Wenn unsere Gesellschaft es für erforderlich hält, dass die Mütter, die Väter prinzipiell in den Arbeitsprozess eingebunden werden, dann kann ich mir nicht vorstellen, dass man sich zugleich im Kultusministerium der Ausweitung der Gesamtschulen und der verlässlichen Halbtagsschulen verschließt und sich so in einen lähmenden Selbstwiderspruch begibt. „Das größte Problem ist“, sagte der Abiturient bei Plassberg, „dass wir immer Stress haben, die ganze Schulzeit“. Gegen diese Bedingung der Gewalt hilft kein schwarz gekleideter Bodyguard am Schultor, hilft auch kein locker gekleideter Schulpsychologe mit monatlichem Gesprächstermin: Da hilft nur ein Lernklima, in dem die Lernenden und die Lehrenden miteinander leben. Das setzt Zeit voraus und - kleine Klassen. Angesichts der Summen, die für die Regulierung des Marktes ausgegeben werden, will es nicht mir einleuchten, warum für die Lebenssituation unserer Schülerinnen und Schüler kein Geld da sein sollte. Natürlich müssen wir den Mund aufmachen, wollen wir nicht über dem Opfer der Gewalt stumm bleiben. Stumm geht es weiter.

Waffengrauen

Und als sie an die Stätte kamen, die ihm Gott gesagt hatte, baute Abraham dort einen Altar und legte das Holz darauf und band seinen Sohn Isaak, legte ihn auf den Altar oben auf das Holz und reckte seine Hand aus und fasste das Messer, dass er seinen Sohn schlachtete.

Es gibt viele grausame Stellen in der Bibel. Nicht nur in der hebräischen Bibel, auch in den Jesusüberlieferungen. Aber diese Stelle hier ist unerträglich. Weil mit Genauigkeit und detaillierter Lust die Bereitschaft zum Töten, zum Mord beschrieben wird. *„Und fasste das Messer...“*. Die Faszination der Waffe. Die Täter von Columbine, der Täter von Erfurt, von Emsdetten, in Finnland, in Winnenden: Sie alle waren auf Waffen fixiert. Sie alle hatten Zugang zu den Waffen über den Vater und über den Schießsportverein. Wenn unsere demokratische Gesellschaft durch die Trennung der Gewalten begründet ist (der Staat und seine ausübenden Organe hat das Monopol der Gewalt) -, dann will es mir nicht einleuchten, warum Privatpersonen Waffen führen dürfen. Hängt das mit der Lust an der Stärke, an der Potentialität der Vernichtung zusammen? Wie wäre es, wenn unsere Göttinger Sportschützen von sich aus ein entsprechendes Signal setzen und freiwillig die Sportwaffen in ihren Vereinsheimen bewahren würden? Statt auf neue Gesetzesverschärfungen zu warten?

Das Sagen und Sehen

Da rief ihn der Engel des HERRN vom Himmel und sprach: Abraham! Abraham! Er antwortete: Hier bin ich. Er sprach: Lege deine Hand nicht an den Knaben und tu ihm nichts; denn nun weiß ich, dass du Gott fürchtest und hast deines einzigen Sohnes nicht verschont um meinetwillen. Da hob Abraham seine Augen auf und sah einen Widder hinter sich in der Hecke mit seinen Hörnern hängen und ging hin und nahm den Widder und opferte ihn zum Brandopfer an seines Sohnes Statt.

Die letzten Verse bilden Absätze des Sagens und Sehens. Abraham bleibt bei der stumpf-uneinsichtigen Aussage: „*Hier bin ich*“. Der Herr aber lässt alles sagen (V11f.). Der Höchste scheut sich nicht, sich selbst zu widersprechen und dem Menschen die Entscheidung zu entnehmen. Abraham verbleibt in seinem geschlossenen religiösen System, er bleibt auch gewalttätig. Er opfert. Aber so, dass er dass er dem Allmächtigen nicht alles geben muss, sondern nur ein Teil als Zeichen, ein Tier. Stumm ist er dabei. Wieder nicht eindeutig. Gott aber ist der, der sich eindeutig festlegt und das Wort ergreift: „*Lege deine Hand nicht an den Knaben*“. Es ist das Wort, das das Töten verbietet. Es ist sein Wort, das die Worte des Menschen, die nichts als Lüge und Verschleierung meinten, zu ungewollter Wahrheit verhelfen. Es ist sein Wort, das die Frage nach der Wirklichkeit, nach dem Realitätsprinzip, mit seiner göttlichen Wahrheit versöhnt. Es ist sein Wort, das ihn gegen sich selbst aufbringen wird: Weil es keine Opfer mehr geben soll, muss er sich selbst zum Opfer machen; muss erleiden, um nah zu sein.

Was siehst du?
Und Abraham nannte die Stätte «Der HERR sieht». Daher man noch heute sagt: Auf dem Berge, da der HERR sieht.

Es gibt ein Foto: Schüler des benachbarten Gymnasiums von Winnenden stehen an den Fenstern ihrer Schule und sehen entsetzt in die Tiefe des Schulhofes der Albertville-Realschule. Ich glaube, dass Gott auch in die Tiefe sieht. Sein Kreuz: Es steht. Dort, in Winnenden.

Port-au-Prince. *2. Korinther 4, 6 - 10* [16]

Denn Gott, der da hieß das Licht aus der Finsternis hervorleuchten, der hat einen hellen Schein in unsere Herzen gegeben, daß durch uns entstünde die Erleuchtung von der Erkenntnis der Klarheit Gottes in dem Angesichte Jesu Christi.

Wir haben aber solchen Schatz in irdischen Gefäßen, auf dass die überschwengliche Kraft sei Gottes und nicht von uns. Wir haben allenthalben Trübsal, aber wir ängsten uns nicht; uns ist bange, aber wir verzagen nicht; wir leiden Verfolgung, aber wir werden nicht verlassen; wir werden unterdrückt, aber wir kommen nicht um; und tragen allezeit das Sterben des HERRN Jesu an unserm Leibe, auf dass auch das Leben des HERRN Jesu an unserm Leibe offenbar werde. Denn wir, die wir leben, werden immerdar in den Tod gegeben um Jesu willen, auf das auch das Leben Jesu offenbar werde an unserm sterblichen Fleische.

So tief und schwer sind die Worte, die Paulus uns gegeben hat; so schön ist zugleich das, was er uns vor Augen stellt: das Licht aus der Finsternis und der helle Schein, der in unsere Herzen gegeben ist. Weihnachtlich möchte es da einem noch mal werden. Die Festigkeit und Gewissheit, in dem die Sätze mit jenem Aber den Leidenserfahrungen die Kraft des Neuen Menschen in Christus gegenüberstellt, wollen durch alle Zeiten Lebenshoffnung begründen. Der Schatz in den irdenen Gefäßen mag erinnern an die Hochzeit zu Kana, Wasser-Wunder-Wein und Lebensfülle, lässt vor allem denken an kreatürliches Bewartsein, an Amphoren und einfache Tonkrüge, dazu angetan, Wein und Öl über Jahrtausende zu erhalten, dazu auch noch Getreide, ja sogar Schriftrollen aus Papyrus, und wenn die Krüge einmal zerbrechen, dann findet sich ein Töpfer, der die Scherben wieder zusammenfügt, die

---

[16] Predigt am letzten Sonntag nach Epiphanias 2010 in St. Petri Weende

Konstruktivität des Schöpfers also, die sich bewährt: Ton, Erde, Leben und Licht.

Doch wie, wenn wir keinen Schatz haben, weil das Irdene vollends zerbrochen ist, ja, weil sich die Erde aufgetan und Leben verschlungen hat? Die Erde, die doch tragen und sichern soll, darauf die Füße stehen, - es ist diese Erde, die so jäh alles mit sich reißt und Leben vernichtet, Leben, so unvorstellbar, so unvorstellbar viel, Babys unter Trümmern, Alte unter Schutt, Gemüsehändler und Verbrecher, der Erzbischof und die UN-Mission, Ärzte und Polizisten, Reiche und vor allem Arme, die in ihren Hütten am Berghang von Port-au-Prince in die Tiefe gerissen wurden. Keiner weiß, wie viele. Keiner weiß, was werden soll. Am vergangenem Mittwochabend zeigte BBC, während ich zappend im Sessel nach Entspannung suchte, Bilder, aus höherer Warte: Die Stadt, eine Staubwolke.

Die Erde, die bebt, und tags darauf sprach man von einer Katastrophe biblischen Ausmaßes, dachte wohl dabei an Grunderzählungen, an Mythen, an die Sintflut, doch da gab es nicht nur die Kunstfertigkeit des Erbauers der Arche, die obenauf schwimmen konnte, sondern da war am Ende auch der Regenbogen und die Zusage, dass, *so lange die Erde steht, nicht aufhören soll Saat und Ernte, Frost und Hitze, Sommer und Winter, Tag und Nacht.*[17] Doch dort auf Haiti sind die Tage Nächte und die Nächte Tage. Auf der Straße schlafen und auf die irdenen Gefäße hoffen, die Wasser bringen könnten, und hoffen, dass die Hände, die Tag und Nacht graben, um noch Menschen zu bergen, niemals müde werden. Und es erzählt auch die Bibel von Sodom und Gomorra, vom Feuer, das vom Himmel gefallen war, doch da hatte es Schuldige gegeben, und wenn ein Prediger in den USA was von Schuld erzählt, weil man auf Haiti einen Pakt mit dem Bösen eingegangen sei, um die Unabhängigkeit von den französischen Kolonialherren zu erreichen, so werden hier Ursache und Wirkung verkehrt, denn das Böse ist die Kolonialmacht,

[17] 1.Mose 8,22

die zunächst versklavte und ausbeutete und dann die 1804 gewährte Unabhängigkeit sich durch Reparationszahlungen in Höhe von 150 Millionen Goldfrancs bis 1947 vergelten ließ, so dass dieses Land in die Verarmung getrieben wurde: Frankreich also, dann aber auch alle anderen Staaten, die einen Aufbau der Landwirtschaft nicht zuließen, sich nicht um eine Infrastruktur kümmerten, sich überhaupt nicht kümmerten, dass Menschen mit zwei Dollar am Tag leben müssen. Ja, die Bibel erzählt von apokalyptischen Bildern, dass Gräber sich auftun[18] und kein Stein auf dem anderen bleibt, sie erzählt vom Menschen, der von der Erde genommen ist und zur Erde[19] wird, und Adam heißt der erste Mensch und adamah heißt die Erde, auch von einem neuen Himmel und einer neuen Erde[20] und der neue Adam: radikale Gerechtigkeit, radikale Hoffnung. Doch auf Haiti werden Straßensperren gebaut, damit die Lieferungen mit Hilfsgütern nicht vorbei fahren, Straßensperren aus Steinbrocken, Erde, Leichenteilen. Erde, die für den Tod steht. Adam, wo bist du? Die Natur, die zum Feind des Menschen geworden ist. Und ihr Schöpfer? Welchen Schatz des Glaubens haben wir noch, wenn das Irdene zerbricht und zerstört?

Als 1755 die Stadt Lissabon durch ein Erdbeben zerstört wurde, war dieses zunächst in der Theologie und Philosophie zur Frage der Theodizee: Wieso kann Gott ein solches Unglück zulassen, obwohl es dazu keinen Anlass menschlicher Schuld gibt? Das betroffene Nachdenken führte zu Überlegungen, die Gott nicht als Verursacher von Geschehen und Entwicklungen ansahen, also Abschied nahmen von einem einfachen Schöpfungsglauben bis hin zu der Konstruktion, an seine Stelle die Vernunft oder das absolute Ich des Menschen zu setzen. Immanuel Kant schrieb:

„Alles, was die Einbildungskraft sich Schreckliches vorstellen kann, muß man zusammen nehmen, um das Entsetzen sich einigermaßen vorzubilden, darin

[18] Matthäus 27,45
[19] 1.Mose 3,19
[20] Offenbarung 21,1

sich die Menschen befinden müssen, wenn die Erde unter ihren Füßen bewegt wird, wenn alles um sie her einstürzt, wenn ein in seinem Grunde bewegtes Wasser das Unglück durch Überströmungen vollkommen macht, wenn die Furcht des Todes, die Verzweifelung wegen des völligen Verlusts aller Güter, endlich der Anblick anderer Elenden den standhaftesten Muth niederschlagen. Eine solche Erzählung würde rührend sein, sie würde, weil sie eine Wirkung auf das Herz hat, vielleicht auch eine auf die Besserung desselben haben können'[21] Kant suchte also nach einer neuen Grunderzählung, vergleichbar mit der Schöpfungsgeschichte, aber auf einer anderen Ebene: Der Auswirkung auf das Herz. Dem Aufbau einer neuen Menschlichkeit. Humanität als verbindende Antwort auf die Unverstellbarkeit des Leidens, und es ist das Herz, das daran Anteil nimmt, nicht das Kalkül, nicht das eigene Interesse, nicht die Vernunft mit ihren sichernden Prinzipien, sondern das Herz als Zentrum des Lebens. Sieh, hör, da klingt dann etwas von dem an, von dem Paulus gekündet hat: *Der helle Schein, in unsere Herzen gegeben*[22]. Hilfsaktionen die weltweit angelaufen sind. Es hat wohl etwas damit zu tun. Wenn es eine Hoffnung gibt, dann diese, dass sich die Welt nicht spalten lässt in dem Wissen, der gemeinsamen Verantwortung und der Verpflichtung, den Menschen auf Haiti zu helfen. War die Antwort auf Lissabon der Gedanke der freien Vernunft, so kann uns Port-au-Prince zusammen führen zu einer Weltethik der Barmherzigkeit. Der neue Mensch, der dem alten Adam gegenübersteht: barmherzig wird er sein, er wird nicht trennen und er wird nicht spalten.

So kann ich jetzt Paulus noch einmal lesen, ihn auch neu und anders verstehen: *Wir haben allenthalben Trübsal, aber wir ängsten uns nicht; uns ist ban-*

---

[21] Immanuel Kant. In: Ders, Gesammelte Schriften. Akademie-Ausgabe. Abt.1. Bd.1. Berlin 1910 S.434 ff

[22] 2. Korinther 4,6

ge, aber wir verzagen nicht; und tragen allezeit das Sterben des HERRN Jesu an unserm Leibe, auf daß auch das Leben des HERRN Jesu an unserm Leibe offenbar werde. Denn wir, die wir leben, werden immerdar in den Tod gegeben um Jesu willen, auf das auch das Leben Jesu offenbar werde an unserm sterblichen Fleische.

Paulus stellt das eine dem anderen gegenüber, nicht beschönigend, denn es gehört zusammen. Wir sind ein Teil der Erde und können den Tod nicht abspalten.

Wir können aber auch Christus nicht abspalten und sind durch ihn ein Teil des neuen Menschen. Wie ein irdenes Gefäß, das aufbewahrt, was alle brauchen. Und wie er damals in Kana das Wasser in den Tonkrügen, dem Symbol des Todes, in Wein, dem Zeichen des neuen Lebens, verwandelt hat, so werden wir von ihm und durch ihn auf dieser Erde Zeichen der Barmherzigkeit, Zeichen des Lebens setzen.

Osnabrück- Weende. 2. Korinther 3, 2 - 6. 17 und Johannes 3, 1 - 8[23]

Geliebte Gemeinde hier in unserem Weende, aus Osnabrück, genannt Ossenbrücke, hatte Georg Christoph Lichtenberg 1772 seinem Göttinger Freund Johann Georg Dieterich geschrieben: „Es fehlt hier an geistlichen Lebensmitteln, und da füttern sich denn die meisten mit einer Art von Cartuffeln, wobei sie unmöglich gedeihen können...Und Pumpernickel wirst du kaum essen können, es ist beynah als wenn man das liebe Korn roh äße".

Gleichwohl hatte Lichtenberg Pumpernickel gegessen, wenn auch nur einen Bauernbissen, wie er anschaulich dem braven Verleger unseres Gesangbüchleins beschrieb; auch wir in Weende, bei weitem nicht Ossenbrücke, wollen es ihm gleichtun, müssen zunächst Schwarzbrot kauen, um geistige Nahrung zu erhalten, wollten wir so dem Geiste jener Zeit in Göttingen mit seiner neuen Universität, welche nahe bei unserem Orte liegt, entsprechen, mit Vernunft also wollen wir uns jener Person nähern, die den Geist kündet, wollen uns ihrer Motive und Absichten klar werden, vermittelst derer sie die Geschichte in Bewegung setzte: dem Apostel Paulus treten wir nahe. Wie er den Korinther also lautend geschrieben hat: *„Der Herr ist Geist. Wo aber der Geist des Herren ist, da ist Freiheit"* (2. Korinther 3,17). Worum ihm zu tun ist, so höre ich Euch nun, liebe Gemeinde, fragen, die ihr an den Geist der Zeit denken möget und dessen Entfaltungen und Abstraktionen in Erwägung zieht?

[23] Predigt am 1. Sonntag nach Trinitatis 2010 über im „Historischen Gottesdienst in St. Petri Weende"*. Mit diesem Gottesdienst wurde die Festwoche anlässlich des 250 jährigen Bestehens des Kirchenschiffes in St. Petri eröffnet. Er lehnte sich in der Gestaltung von Liturgie, Predigt und Gemeindegesang an die Calenberger Gottesdienstform im 18. Jahrhundert an. Demzufolge gab es eine zweigeteilte, sprachlich und formal unterschiedene Predigt. Entsprechend wurde die Zäsur durch einen Choral markiert.

Paulus schreibt an seine Gemeinde in Korinth, die in Unordnung geraten zu sein scheint, angerichtet nämlich durch die Verwirrung des geistlichen Begriffes. Wanderprediger hatten es bewirkt, unstete gleichwohl mit dem christlichen Glauben zugethane Gesellen; Gelehrte unserer Zeit beschreiben sie in ihrer jüdischen Herkunft und Absicht, oder auch im enthusiastischen Übermaße, oder auch in beidem zugleich: Überschwänglich und bald durch den Ritus ihres Glaubens, bald durch die Übung ihrer Gewohnheiten geprägt. Dass man in den Schriften des Apostels nicht genauer dieser Gegner des Paulus habhaft werden kann, liegt nach dem Zeugnis jetziger Gelehrter daran, dass jene Wanderprediger, wie es zu ihrem Behufe gehört, weiter gezogen sind, dergestalt dass sie keiner mehr kennt und kein Zeugnis der Schrift jemals in der Geschichte des Geistes sie auszuweisen vermag.

Doch der Apostel weiß genau zu sagen, worauf es ankömmt: nicht die Form des Ausdruckes, nicht der Ritus, nicht die einem jeden eigenthümliche Form der Gewohnheiten ist es, die den Glauben ausmacht, sondern der Geist selbst. So stellt Paulus mit großem Fleiß gegenüber: die bloße Tinte und die Tiefe des Geistes, die tönernen Tafeln des Religionsstifters Moses und die Weite des Herzens und des persönlichen Gemüthes. *„Der Buchstabe tötet, aber der Geist macht lebendig“* (2. Korinther 3, 6). Doch wer nun meint, dass sich damit der Geist über das Wort als eigenthümlichen Ausdruck der Sprache erhebt, oder gar das Sein über das Wesen und das Wort Gottes über das des Menschen, der irrt. Denn, wie unser Apostel Paulus im folgenden Kapitel an die Korinther vermerkt, haben wir *„einen Schatz in irdenen Gefäßen, damit die überschwängliche Kraft von Gott sei und nicht von uns“* (2. Korinther 4,7). Nicht von uns: das höre wohl. Auch wenn der Superintendent von Bückeburg, jener Herder sagt: „Der Mensch, in den Zustand der Besonnenheit gesetzt, hat die Sprache erfunden“, somit also auch das Wort von Gott, so ist damit alles verthan. Das irdene Gefäß allein ist kein Schatz. Und umgekehrt ist der Schatz nur in der Gestalt des Gefäßes, in der tönernen Form von unserem

Verstande aus auszumachen. Ohne Buchstaben gibt es kein Wort; das Wort der Schrift ist gleichwohl nicht verbaliter inspirieret und vom Geist manifestieret, wie es wiederum jene aus Halle in schwärmerischer Absicht behaupten. Vermittelst unserer Sprache vermag der Geist zu walten. Gott können wir verstehen, weil er menschlich redet. Unsere Sprache kommt von ihm her und geht auf ihn zu, wie sie zugleich unser eigen Ausdruck ist und bleibt, einem treuen Ehepaare gleich, einander nah, aber doch untereinander verschieden. Der Philosoph Johann Georg Hamann hat es aufs trefflichteste so formulieret: „Der Glaube ist kein Werk der Vernunft und kann daher auch keinem Angriff derselben unterliegen, weil Glauben so wenig durch Gründe geschieht als Schmecken und Sehen". Liebe Gemeinde: Cartuffeln und Pumpernickel, schmecken und sehen, wie freundlich der Herr ist: Das können wir allenthalben. Und den Heiligen Geist um Glauben bitten: Das wollen wir allzu gern. Weil in ihm allein die Freiheit liegt, die uns über das irdene Wesen erhebt.

Nun bitten wir den heiligen Geist
Um den rechten Glauben allermeist,
Dass er uns behüte an unserm Ende,
Wenn wir heimfahren aus diesem Elende.
Kyrieleis.

Du wertes Licht, gib uns deinen Schein,
Lehr uns Jesum Christ kennen allein,
Dass wir an ihm bleiben, dem treuen Heiland,
Der uns bracht hat zum rechten Vaterland.
Kyrieleis[24]

[24] Nun bitten wir den Heiligen Geist, Str.1 (13. Jahrhundert), Strophe 2 bMartin Luther (1524), EG 124

Liebe Gemeinde,

es ist der Geist Gottes, der versöhnt und befreit.

Gut können wir uns deshalb vorstellen, wie der Pharisäer Nikodemus, getrieben von Fragen, möglicherweise auch von Zweifeln zerrieben, sich auf den Weg macht und Jesus anspricht, um eine grundlegende Antwort zu erhalten; wie er dabei ganz rational vom Wissen und der Möglichkeit der Erkenntnis ausgeht, gerade so, wie es die Theologie im Zeitalter der Aufklärung eingefordert hat. Korrekt in der Anrede geht Nikodemus vom Sehen aus: „Meister, wir wissen, niemand kann die Zeichen tun, die du tust, es sei denn, Gott ist mit ihm". Die Antwort Jesu übersteigt jedoch das, was zu sehen und zu erfahren ist. „Das Reich Gottes", sagt er, „ kann man nicht sehen, es sei, dass man von neuem geboren wird". Geht ja nicht, sagt Nikodemus, geboren ist geboren, wie kann jemand von neuem geboren werden? Damit hatte der Verstandesmensch Nikodemus den Jesus zugleich gründlich missverstanden, denn das Wort „von neuem" heißt zugleich „von oben": Jesus wirbelt also die Kategorien von Raum und Zeit mächtig durcheinander: so frei ist der Geist, dass er alle Bedrückung und Einengung aufheben will. Der Geist Gottes weht, wo er will.

Bedrückung und Freiheit. Stellen wir uns nochmals unser Weende in der Mitte des 18. Jahrhunderts vor. In der Chronik heißt es, dass die Kirche recht bescheiden eingerichtet war. Ein paar Kannen und Kelche, zwei Gesangbücher, eine kleine, schlechte Orgel und vor allem ein baufälliges Kirchenschiff mit niedriger Decke: Bedrückend also. So dass, mit Hilfe von kapitalkräftiger Eigenfinanzierung, aber auch mit kräftiger Hilfe des Amtmannes Schlemm und des Konsistoriums in Hannover 1757 „die Hauptreparation mit Erweiterung der Kirche zu Weende, die von einem grundneuen Bau sich wenig unterscheidet", begonnen wurde. Die Kirche, die den Geist der Freiheit Gottes atmet, braucht ihren entsprechenden Ausdruck. Baulich - äußerlich wie auch innerlich. Das neue Gewölbe nahm die Bedrückung, und der Kanzelaltar zentrierte die Ausrichtung ganz auf das Wort; man kann auch vermuten, dass so die Vernunft über den kultischen Vollzug am Altar gestellt ist.

Bedrückend aber, dass drei Jahre zuvor der langjährige Pastor der Gemeinde Justus Christoph Reinholt (er amtierte immerhin seit 1709) zwangsweise in den Ruhestand versetzt worden war, weil er sich in einer Gebetsstunde ungebührlich betragen hatte. Weiß ja nun nicht, was Pastor Reinhold gemacht hatte, er wird ja nicht die falschen Lieder angestimmt haben; vielleicht war er auch von dem Geist Weender Freiheiten befallen gewesen, von dem die Beyträge zur Statistik Göttingens 1785 berichteten, dass „es nicht an Eroberungsgeschichten fehlt, dass mancher mit entbranntem Herzen in die Kirche geht, bey der Messe hinter seinem Gott in seidenem Kleide niederkniet, und die Leiden seiner schmachtenden Seele so laut herseufzet, dass sie der Stifterin durch die Ohren bis ins Herz dringen, und ihm ein „rendesvous ausser der Kirche verschaffen“- ein Pastor ist ja, wie man so sagt, auch nur ein Mensch. Indes geht es um Glaubwürdigkeit. Und wenn man, nicht nur bis in die Zeiten von Paulus hinein, sondern weiter darüber hinaus bis in die Entstehungsgeschichte der alttestamentarischen Gesetzessammlungen zurückblickt, geht es in diesen so genannten Ordnungen nicht einfach um Anhäufungen von repressiven Ordnungsvorstellungen, sondern um glaubwürdige Lebensgestaltung. Gerade angesichts der erst jetzt aufgedeckten Missbrauchsfälle haben wir wieder ein waches Bewusstsein dafür entwickelte, wie sehr wir in der Kirche auf Glaubwürdigkeit angewiesen sind und wie sehr wir auch danach beurteilt werden. So schmerzlich der Rücktritt unserer Bischöfin gewesen ist: er ist als genau als konsequenter Ausdruck der Glaubwürdigkeit zu verstehen.

Es kann also gut sein, dass Pastor Reinhold vor 250 Jahren mit seinem Verhalten Anstoß erragt hatte und die Glaubwürdigkeit der Kirche auf dem Spiel gestanden hatte, so dass es deshalb zu Beschwerden der Gemeinde bei der königlichen Kirchenleitung gekommen war. Kann aber auch gut sein, dass es ganz andere Gründe gehabt hatte, an seiner Stelle den Theologiestudenten Christian Friedrich Müller mit dem Pfarrdienst zu beauftrage, vielleicht also, weil jener zu alt und der Amtsführung nicht mehr fähig war, vielleicht auch, weil ihnen damals in Weende die ganze Richtung nicht mehr passte und man so verfuhr, wie man es in der Kirchengeschichte immer schon gemacht hatte, nämlich die anderen mit Kriterien der Rechtgläubigkeit auszugrenzen und zu verurteilen; seinerzeit verfuhr man in der Universitätsstadt Göttingen mit Hallenser Pietisten so und umgekehrt in Halle mit den Aufklärern aus Göttingen und Helmstedt. Auszugrenzen, weil die anderen anders denken, die Ordnungsmacht zu bemühen, um sich nicht mit dem Geist der Kritik auseinander setzen zu müssen - kann man sich eigentlich vorstellen, wie menschlich schwer enttäuschend es für den Bundespräsidenten gewesen sein muss, wenn dessen kritische Überlegungen zum Beispiel in Hinsicht auf Kontrolle und Steuerung wirtschaftlicher Mächte auf taube Ohren stieß? Genau aber diese kritische Offenheit brauchen wir. Und vielleicht sind die Mitglieder der Weender Gemeinde, bei ihrer Beschwerde in Hannover beim Konsistorium gewesen und hatten Zeit und die Möglichkeit gehabt, durch die Neustadt zu flanieren. An einer breiten Straße zunächst die reformierte Schlosskirche, dann die lutherische Neustädter Kirche, sodann die Synagoge und am Ende die katholische St. Clemens-Kirche mit einer an den Petersdom erinnernden Kuppel: Menschen verschiedner Konfessionen und Religionen, die sich auf der Straße des Verstehens begegnen können.

Immer wieder müssen wir heute erkennen, wie heute in unserem Land Abgrenzungslinien vollzogen werden. Sie verlaufen noch nicht einmal entlang der politischen Grundeineinstellungen, sondern zwischen Ossi und Wessi, vor allem, vielleicht auch und künftig noch stärker) zwischen den Generationen, sicherlich zwischen denen mit Arbeit und Hartz 4. Vor allem aber zwischen den Religionen. Vorschnell und völlig unvernünftig wird Islam mit Gewaltbereitschaft gleichgesetzt. Der Geist Gottes aber weht, wo er will. Es wird alles davon abhängen, dieses zu erkennen und denen, die anders sind, in gleicher Weise diesen Geist zuzugestehen. Nur so werden wir nicht nur in unserer Gemeinde, in unserer Stadt, in dieser Welt miteinander in Frieden und Freiheit leben zu können. Es ist der Geist Gottes, der versöhnt und befreit.

Hannover. „Dazu habe ich Lusten". *Gedanken über Römer 12, 8*[25]

Jedes Mal, wenn mein Vater das gehört hatte, machte er ein Gesicht, als müsse nun für mich und uns alle ein persönlicher Bußtag hereinbrechen. „Denn", so pflegte er ernst zu sprechen, „so was sagt man nicht". Mein Freund Harald sagte es aber oft. Und ich pflegte es ihm gleich zu tun. „Ich habe Lusten".

Harald hatte übrigens Sommersprossen, obendrein eine Zahnlücke und trug dann schon kurze Lederhosen, wenn ich noch wegen möglichen Schnees eine Schi-Hose (so hießen damals diese blauen, kratzenden Ungetüme mit Bügelfalte) tragen musste. Er wusste, von welchem Trümmerberg man am besten rodeln konnte, in welchem Hinterhaus Waffelbruch verschenkt wurde und wie man aus Zeitungspapier und trockenen Blättern Zigaretten drehte. Und wo die alten Bunker waren, in die man hineinkriechen und sich Geschichten über Mädchen erzählen konnte. Noch heute höre ich seinen Pfiff, mit dem er mich abholte, und oft genug empfing er mich voller Ungeduld bereits unten im Hausflur unseres Mietshauses: „Ich habe Lusten", zischte Harald durch seine Zahnlücke, und dann pflegten wir loszustromern, ab durch die Straßen in Hannovers Nordstadt, neuen Abenteuern entgegen.

Es ist wohl einer dieser Wintertage gewesen, in denen keiner vom Frühling redete. Harald hatte gepfiffen, war bereits unten im Flur, ich kam von oben die Treppen herunter gesprungen; gleichzeitig stieg langsam Frau Meier aus dem Keller, in beiden Händen die Kohleeimer. „Ich habe Lusten", sagte Harald, und schon trugen wir mit schiefem Rücken Frau Meiers Eimer mit Eierkohle und Briketts in den dritten Stock, dann noch in einem Extragang mit je zwei ‚Eisenbahnern', diese unförmigen Kohleklötze, unterm Arm!

---

[25] Andacht im Göttinger Tageblatt zum 4. Sonntag nach Trinitatis 2010

Das ist nun wohl fünfundfünfzig Jahre her. Mir ist es wieder eingefallen, als ich diesen Satz von Paulus im Römerbrief las: „Übt jemand Barmherzigkeit, so tue er's mit Lust". Was wohl mein Vater für ein Gesicht machen würde, wenn er jetzt am Sonntag dieses in der Kirche hören müsste? Harald aber würde pfiffig aussehen und denken: Genau.

Habt ihr Lusten?

Ephesus und Engelbostel. *Epheser 2, 1 - 10*[26]

Heute liebe Gemeinde, ist Sonntag, der 22. August 2010, ein Tag unserer Zeit. Wir hören:

Auch euch, die ihr tot wart durch eure Verfehlungen und Sünden, in denen ihr einst euer Leben geführt habt gemäß dem Zeitgeist dieser Welt, gemäß dem mächtigen Führer Luft, gemäß dem Geist, der jetzt sich auswirkt in den Söhnen des Ungehorsams- unter denen lebten auch wir alle, in den Begierden unseres Fleisches, machten das, was das Fleisch und die Sinne wollen und waren von Natur aus Kinder des Zornes, eben wie alle anderen auch-; aber Gott, reich an Erbarmen, hat uns mit seiner ganzen Liebe, die bei ihm war, geliebt und uns, die wir tot waren durch die Verfehlungen, zusammen mit Christus lebendig gemacht hat (durch Gnade seid ihr gerettet!) mit ihm erweckt hat und uns eingesetzt hat in den Himmel, in Christus Jesus, damit er in den kommenden Weltzeiten erweise den alles übertreffenden Reichtum seiner Gnade in Freundlichkeit gegenüber uns in Christus Jesus. Aus Gnade seid ihr gerettet durch Glauben. Und dieses nicht aus euch heraus, es ist Gottes Gabe. Nicht aus Taten, damit sich nicht jemand rühme. Denn sein Werk sind wir, werden geschaffen in Christus zu jenen guten Taten, die Gott vorbereitet hat, damit wir mit ihnen unser Leben gestalten[27].

In ferner Zeit ist der Brief geschrieben worden, an die Menschen in Ephesos. Doch wir haben hier und heute, an diesem Tag in unserer Zeit, etwas davon gehört. Kurz ist dieser Satz, der den Glauben prägt: *„Aus Gnade seid ihr gerettet durch Glauben“*(Epheser 2,8). Lang aber ist dieser andere Satz, mit dem alles beginnt, der die Zeiten durchmisst, dabei die Mächte und die Las-

[26] Predigt über am 11. Sonntag nach Trinitatis 2010 in der Klosterkirche Nikolausberg

[27] Eigene Übersetzung

ten der Vergangenheit benennt, ohne sich darin zu verlieren, sondern sich mit Gewissheit jener Macht zuwendet, die dem Tod die Macht genommen hat, die deshalb die Lebenszukunft eröffnet, die also damit die Zeit selbst…

Ach, weiß ja gar nicht genau, wie die Zeit war, die des Paulus und die anderer in Ephesos. Vermutlich ist es böse Zeit gewesen (Epheser 5,16). Zugleich alltägliche Zeit. Die Hafenstadt mit ihren 200 000 Einwohnern, den Flüchtlingen aus Palästina, die versuchten, nicht als Fremde aufzufallen mit ihrem neuen Glauben und den Gebräuchen, die auch den Alten fremd waren und ein Greuel obendrein. Diese Zeit, die alle umschlossen hatte und die Gerüchte um Kaiser Vespasian und seine Frauen streuen ließ. Nicht zu vergessen: Seine Latrinensteuer. Und wenn es auch hieß, „pecunia non olet", so stank es trotzdem in dieser Stadt. Nicht nur in den Gassen. Nicht nur am Hafen. Der Geruch des Untergangs? Ob es gelungen war, die Zeit auszukaufen? Soll ja ein erstes Sendschreiben an den Engel der Gemeinde zu Ephesus gegeben haben, in dem es heißt, dass er gedenken soll, wovon er gefallen ist. Und es steht auch in dieser Offenbarung des Johannes, dass nur dem vom Baum des Lebens zu essen gegeben werden soll, der wirklich überwindet. Doch die Menschen werden so gewesen sein, wie sie immer sind. Und ihre Zeit auch. Den Tod hat es geben und das Leben. Leben zwischen unerträglicher Belastung und unglaublicher Kraft, zwischen Lust und Laster, Lachen und Weinen, zwischen Glauben und Spott. Soll doch der Kaiser Vespasian noch auf dem Sterbebett gesagt haben: „Wehe, ich glaube, ich werde ein Gott". Was aber wird aus dem Menschen?

Sonnabend, 7. August.
Wie die Zeit so ist. Wir waren zum 60. Geburtstag eingeladen. Wir hatten uns lange nicht gesehen, also großes Halli und Hallo, und festliches Essen obendrein mit kurzen Reden, kaltem Lachs und warmen Buffet: Osso Buco und Heidschnucke, Estragonkartoffeln, dazu Rioja und perfekt gekühltes Wasser,

Dessert, lachende Konversation: „Nein danke, ich rauche schon lange nicht mehr“, sagte ich zu ihm, „aber wir können doch trotzdem rausgehen, durchatmen und alte Zeiten auffrischen“. Wir stehen vor der umgebauten alten Scheune. Unter den Füßen spüre ich das alte Katzenkopfpflaster. „Und? Was machst du so“? Das Gespräch geht von der Pensionierung zurück bis zum Studium, die Zeit im Ausland, die Berufsentscheidung. Er sagt, dass er die Landwirtschaft nur nebenbei betreiben kann. Hauptberuflich macht er in Versicherung. Hagel. Ich muss daran denken, wie ich damals in dieser Gemeinde, es war die erste, als junger Pastor den Hagelgottesdienst mit der Begründung abgeschafft hatte, dass da sowieso keiner mehr hingeht. Das sage ich ihm aber nicht, sondern frage danach, ob die Hagelunwetter an Intensität zugenommen haben. Er antwortet ernst, dass man dieses nicht mit Sicherheit beantworten kann, vor allem deshalb nicht, weil die statischen Vergleichsmöglichkeiten fehlen. Aber eins sei sicher. Der Treibhauseffekt. CO^2. Die Erderwärmung um 4° bis zum Ende des Jahrhunderts. Unser Fleischkonsum zum Beispiel, Massentierhaltung und Methan. Und wir sollten bloß nicht denken, wir könnten den aufstrebenden Nationen wie Indien und China die Fleischproduktion einfach versagen, genauso wenig wie wir das Recht hätten, von uns aus den Ländern in der Dritten Welt die Bewirtschaftung ihrer Wälder anzuklagen. Das sei heuchlerisch. Das Abholzen der Wälder bei uns, schon im Mittelalter. Und dann der Beginn der Industrialisierung, deren Folgen wir heute spüren. „Hey“, sagt jemand, „ihr mit euren ernsten Gesichtern. Wie bei einer Beerdigung! Kommt rein, Tanzen“. Von drinnen sind ACDC zu hören. O ja, Klasse, wie in alten Zeiten: „Highway to hell“. Ich hopse mit.

Montag, 9. August.

Im Göttinger Tageblatt stehen auf Seite 4 folgende Schlagzeilen: Pakistan kämpft mit den Folgen der Flut. Hochwasser: Land unter in Sachsen. Riesiger Eisblock abgebrochen. Und auf Seite 1: Brände bedrohen Atomzentrum. Abends in der Tagesschau die Bilder brauner Fluten, die sich in ihrer unvorstellbaren Gewalt global zu gleichen scheinen, aber in dem Ausmaß, in dem sie Leiden verursachen, nicht vergleichbar sind. Die Bilder aus Russland und der Ukraine. Bis auf die Grundmauern niedergebrannte Dörfer. Die Gesichter verzweifelter Menschen. Die Versuche, irgendwas zu tun, mit Schaufeln und mit Zweigen das Feuer zu erschlagen. Die Augen von Kindern und Erwachsenen, die Mund und Nase notdürftig mit einem Tuch verdecken, um in der giftig-heißen Luft atmen zu können Die Gesichter hemdsärmeliger Politiker, Putin und Medwedew voran, die Maßnahmen begründen, Entschädigungen versprechen, in Hinblick auf die nächsten Wahlen mit Entscheidungskompetenz zu beeindrucken versuchen. Doch diese Gesichter wirken so starr, so leblos: Weil sie so viel verschweigen? Weil sie um die Schuld der Profitgier wissen? Weil sie eine entsetzliche Ohnmacht erfahren? Es ist herrscht Ordnung und ist doch so ein diabolisches Durcheinander. Du meinst, den Rauch selbst zu riechen und kannst es dir trotzdem nicht vorstellen. Es muss die Hölle sein. Was ist mit unserer Zeit? Was wird aus dem Menschen?

Freitag, 20. August.
Göttinger Tageblatt, hinten, auf Seite 6: UN bitten um höhere Spenden. Darunter: Deutschland steigert Pakistanhilfe/Klima soll Ursache der Katastrophe sein. Nach Ansicht von Meteorologen ist ein Wetterphänomen verantwortlich, das im Südpazifik seinen Ursprung hat: la Niña. La Niña hat den ohnehin kräftigen Monsun verstärkt. Er gilt zwar als Lebensspender. Aber dieses Jahr ist er ungewöhnlich. Der Wind sei weiter nach Norden vorgedrungen. Normalerweise erreiche der Monsun Pakistan nur abgeschwächt.

Ich lese nochmals diese Zeilen, aus alter Zeit, geschrieben an die in Ephesos. Lese, wie Menschen waren: Wie tot, durch die Verfehlungen und Sünden; wie sie ein Leben geführt haben gemäß dem Zeitgeist der Welt, gemäß dem mächtigen Führer der Luft, - und denke, dass es ja noch nicht vorbei ist, dass man es, das man ihn? Spüren kann, riechen kann, - denke auch, dass es wohl auch an mir liegt, meinen Gewohnheiten und Interessen entsprechend, denke (ich weiß, der Satz will gar nicht aufhören) noch weiter zurück, damals, die erste Pfarrstelle auf dem Land und wie ich am 1.Mai 1975 den Hagelgottesdienst meinte abschaffen zu müssen, weil ich gedacht, geglaubt hatte, dass sei nicht mehr zeitgemäß, weil doch die deistischen Glaubenskonzepte sich schon längst überholt hätten, weil der Raum für das eigene Denken keinen Raum für den Glauben an direkt-indirektes Handeln Gottes mehr zulassen würde: das war einmal. Doch in dem Brief an die Menschen in der Weltstadt Ephesos lese ich, dass eben all dieses Vergangenheit gewesen ist, diese Zeit der Sünde und der Selbstbemächtigung, diese Zeit der Fremdbestimmung durch Mächte, so unsichtbar und so real wie das Gift in der Luft, jetzt aber...-

Und wieder gehen meine Gedanken zurück, ganz bis an den Anfang, und wie die Bibel davon erzählt, dass es einen Baum der Erkenntnis Gottes gegeben hatte und dem Menschen verboten war, von seinen Früchten zu essen, er aber gar nicht anders konnte, als es trotzdem zu tun, um zu werden wie er, dass wir also mit der Sucht nach Erweiterung nicht aufhören und selbst vor dem Baum der Erkenntnis nicht Halt machen und auch ihn, weil es ein Baum ist, prinzipiell umlegen würden, jetzt aber ...

...weist die Bibel auf die Mitte der Zeit. Auf den, der gewesen ist, so wie wir. Auf den, der sagt, dass wir ohne ihn nichts tun können, der aber selbst alles für uns tut. *„Ich lebe, und ihr sollt auch leben“* (Johannes 14,19): das hat er gesagt. *Aus Gnade gerettet.* Und hat erzählt (Markus 4,30-32), wie es sein wird, mit dem Raum für Gott, der ganz von selbst wächst, sich von nichts und niemand aufhalten lässt, ganz frei ist, gewiss darin zunächst klein und unscheinbar, wie ein Senfkorn, das gesät wird, aufgeht und zum buschigen Biotop wird: Was für ein Baum des Lebens ist sein Reich, das kommt!

Nochmals Samstagabend, 7. August.

Oder es ist bereits Sonntagmorgen. Denn die Zukunft hat schon begonnen. Wir stehen wieder vor der alten Scheune, hören von drinnen „Can't buy me love". Wir summen diese alte Beatles-Melodie mit, weil sie Freiheit anklingen lässt. Es gibt etwas, was man nicht kaufen kann. Er sagt: „Weißt du, ich habe damit begonnen, nach Feierabend unseren Wald wieder aufzuforsten. Mit Douglasie, geht bei unserem Sandboden am besten. Man muss einen Erdbohrer nehmen, um sie tief einzuwurzeln. Das ist schwierig, aber es geht. Und wird was bringen". Er nimmt sein Bierglas und prostet mir zu: „Was sagt ihr doch immer aus der Bibel, was der Mensch tun soll"? „*Bebauen und Bewahren*" (1.Mose 2,15). „Richtig". Amen.

Fukushima. *Matthäus 12, 38 – 4*[28]

Einige der Schriftgelehrten und Pharisäer sagten im Gespräch: Lehrer, wir möchten von dir ein Zeichen sehen. Er aber antwortete ihnen: Diese verdorbene und treulose Generation strebt nach einem Zeichen. Aber das Zeichen wird ihm nicht gegeben werden, außer dem Zeichen Jonas, des Propheten. Wie nämlich Jona im Innersten des Ungeheuers drei Tage und drei Nächte war, so wird der Sohn des Menschen im Herzen der Erde drei Tage und drei Nächte sein. Die Männer aus Ninive, die nämlich auf die Verkündigung des Jona hin umgekehrt waren, werden erscheinen zum Gericht und endgültig verurteilen. Und seht, mehr als Jona ist hier. Die Königin des Südens, die von den Enden der Erde gekommen war, um die Weisheit Salomos zu hören, wird erweckt werden zum Gericht über diese Generation und sie wird dieses endgültig verurteilen. Und seht, mehr als Salomo ist hier!

Was ist alles schon gesagt worden. Was mussten wir alles sehen. Es geht im Kopf herum, lässt die Gedanken kreisen, besetzt das schlagende Herz, ja noch tiefer. „Es ist so tief unten, innen drinnen“, hatte sie gesagt. „Diese Bilder“.

Was zum Herrn alles gesagt wird. Und wie er antwortet. Und dabei war es zunächst so alltäglich gewesen, wohl nicht so wie ein Gespräch beim Stammtisch, sondern eher wie ein Diskurs im Gemeindehaus oder im sterilen Seminarraum. „Gib uns ein Zeichen“, hatten sie gesagt und dabei gedacht, wie das so theoretisch sein könnte: Mit seiner Wahrheit. Und mit ihrer Sicherheit. Seine Antwort aber führt ins apokalyptische Gericht. Die Tiefen der Erde. Und ihre Enden. Das Ungeheure. Da treten sie auf, - sie, die sich entschlossen hatten, sich zu ändern; und auch sie, die eingenommen waren von einer Weisheit, die die Welt umgreifen könnte. Doch es ist nicht die Zeit des Ver-

[28] Predigt am Sonntag Reminiscere 2011 in Göttingen Nikolausberg

stehens, gar des Lobens. Sondern: Es wird angeklagt. Es wird gerichtet. Es bleibt offen. Und wer nach einem Zeichen sucht, um zu deuteln, zu fixieren und zugleich zu meinen, es könnte ja alles- irgendwie- unverbindlich sein, wird seiner Lust überführt und zugleich seiner zerstörerischen Macht.

Weiß nicht, wann das alles zum Herrn gesagt worden ist. Weiß auch nicht, was sein wird. Weiß aber, was wir alles gesagt haben. Am Freitag zum Beispiel, beim Essen. Dieses: „Hast du schon gehört. In Japan, ein Erdbeben. Und es soll einen Tsunami gegeben haben. Und der Strom ist ausgefallen für die Kühlung des AKW in, ach irgendwo“. Darauf Schweigen. Und dann Versuche des Einordnens. Zugleich Erschrecken, weil es doch erst vor wenigen Jahren, zu Weihnachten, diesen Tsunami gegeben hatte. Worte, die im Erinnern Zeichen der Beruhigung suchten, etwa so: „Jetzt gibt es aber doch neue Warnsysteme, in Japan besonders. Ach ja, Japan, wie haben die sich doch in den 70igern gegen die Atomkraft gewehrt. Ja, und weißt du noch, wie wir in der Zeit diesen Katastrophenfilm gesehen hatten, wie hieß er doch gleich: Godzilla, mit dem schwappenden Wasser und den brechenden Mauern, bis er dann besiegt wurde. Und die Störfälle, o ja, weiß noch vor, wann war das, 25 Jahren, Tschernobyl, wir wussten gar nicht, wie man das schrieb; „Kaiserwetter“ hatte damals die Nachrichtensprecherin der Tagesschau gesagt, und wie es dann zu Himmelfahrt geregnet hatte, und wie wir im Laufe der Jahre demonstriert, die Energiewende eingeklagt hatten, in Brokdorf waren, Wackersdorf, die unsere Kinder dann in Gorleben; die gelben Aufkleber auf den Autos sind zwar mittlerweile verschwunden. Doch man sieht Gott sei Dank überall Solaranlagen. Zeichen des Fortschritts? Die Bilder des Fernsehens am Wochenende werden darauf hin angesehen, ob es nicht irgendwo Zeichen der Beruhigung zu entdecken gibt. Doch es ist nicht so. Es ist so furchtbar, was geschehen ist. Es ist so entsetzlich, was anscheinend am anderen Ende der Erde, aber genau in unserer Welt geschieht. Hereinbrechende Wogen, die Autos vor sich hertreiben, Schiffe umdrehen, die Häuser aus ihren Fundamenten reißen, Dächer, die doch bergen und schützen sollten, oben auf den schwarzen Fluten, die ineinander verschachteln, alles zu Schutt pressen. Am Montag dann: die erste Explosion in Fukushima I, dann die zweite.

Gegessen wird vor dem Fernseher. Mit leerem Blick auf das Trümmerfeld sagt der junge Mann, dessen Sprache ich nie verstehen werde, dass er keinen mehr hat, keine Familie, keine Verwandte, keine Freunde. Werde ich je das Ausmaß des Leidens verstehen? Da ist noch ein Bild: Eine Hand, die aus den Trümmern ragt. Wir schweigen. „Es ist apokalyptisch", sagt sie. „Ja", sagt er, „weil wir nicht nach der Natur leben". Wieder schweigen wir, sagen nichts zu den nichts sagenden Worten des Sprechers der japanischen Regierung, auch nichts zu der viel sagenden Ankündigung der Bundeskanzlerin zur Einberufung der Ministerpräsidentenkonferenz, um ein Moratorium der AKW-Laufzeitenverlängerung zu beraten, erst recht nichts über die Einlassung der Oppositionsvertreter, Recht gehabt zu haben, damals, als über das Verlängerungsgesetz abgestimmt worden ist. Es geht nicht um die Zeichen des Rechthabens, sondern um die Anzeichen einer Katastrophe, die sich anscheinend durch nichts aufhalten lässt.

Was ist alles gesagt worden, beschwichtigend und beschönigend. Heute, am 6. Tag kündigt der Sprecher der Atomenergiesicherheitsbehörde an, dass versucht werden soll, eine provisorische Stromleitung aufzubauen, die dann die Möglichkeit eröffnet, Meerwasser zur Kühlung von Fukushima I heranzupumpen. Nachdem die Versuche, Wasserwerfer einzusetzen oder Meerwasser vom Hubschrauber aus einzubringen gescheitert sind. Verzweifelte Versuche, verzweifelte Zeichen des Bemühens, die schon im Ansatz das Scheitern erahnen lassen, die aber eines voraussetzen, dass Menschen ihre Gesundheit, ihr Leben geben, um mit undenkbarer Anstrengung dem Unheil etwas entgegen zu setzen. „Keine Lüge mehr", klagt die ZEIT ein und verlangt auf ihrer heutigen ersten Seite „einen neuen Blick auf die Welt“. Denn Apokalypse heißt Aufdeckung. Die bestehenden Zeichensysteme werden wie überkommene Bilderwelten, die eine Scheinsicherheit ausmalten, beiseite gelegt. Es ist eben so, dass die Kräfte der Natur nicht vollständig beherrschbar sind. Technischer Fortschritt keine absolute Sicherheit bedeutet. Es ist eben so, dass ein Restrisiko, und sei es nur so gering wie der Wurf von sechs Sechsen zur gleichen Zeit, immer ein Risiko bedeutet. Es ist eben auch so, dass wir alle an dem Verbrauch der Energie teilhaben und möglicht geringe Kosten einfordern, um davon zu profitieren, selbst wenn wir mal gelbe Aufkleber mit einer roten Sonne und schwarzer Schrift als Gesinnungszeichen auf dem Auto einher fuhren. Es ist eben so, dass das Wissen um die weltweiten Zusammenhänge unserer Verbraucherinteressen und die Möglichkeit zur Entscheidung, anders zu leben dem Zug der Königin von Saba mit ihrer ganzen Welt zur Weisheit Salomos gleichen, aber auch denen von Ninive vergleichbar ist. Wir haben die Möglichkeit der Entscheidung: Zum gänzlich anderen Leben. Oder - gereicht zum Gericht. In Mitten der Bilder, in Mitten der Worte, in Mitten der Trauer und in Mitten der Angst gilt es, von unserer Schuld zu reden. Aufdecken, um umzukehren. Von unserer Schuld, die denen entspricht, die im Lehrgespräch Zeichen einforderten, um sich nicht nur vordergründig zu orientieren, sondern um so wie wir grundsätzlich alles handhabbar und benutzbar zu machen, die Welt und das beherrschende Verstehen, den Glauben und Gott.

Der japanische Theologie Kazoh Kitamori konnte 1946 angesichts von Hiroshima und Nagasaki nicht anders als ganz menschlich vom Gottes Zorn gegen den Sünder sprechen. Ihm steht sein Schmerz der Vergebung gegenüber[29]. So bleibt in dieser Spannung die Dimension der Liebe erhalten. Ob es

[29] Kazoh Kitamori, Theologie des Schmerzes Gottes, Göttingen 1972, S. 37, vgl. Jürgen Moltmann, Trinität und Reich Gottes. Zur Gotteslehre, München 1980, S.51

das ist, was Jesus mit seiner Feststellung meint, die paradoxerweise alles offen lässt?
Am Abgrund stehend kann davon gesprochen werden, wovon es keine Bilder gibt: in der Macht des Ungeheuers, in der ungeheuren Macht der Erde, in ihrer Tiefe birgt sich ein anderes Leben. Es leitet zur Umkehr und zur Weisheit, vielleicht auch zum Einklang mit der Natur. Es lässt am Ende vor allem erkennen, dass es mehr gibt, als das, was wir sind.

Wie es gemeint ist? Heute erhielten einige von uns diesen Brief von Elisabeth Huebler-Umemoto, Pastorin in Tokyo :

„Liebe Geschwister an so vielen Orten!
Hier noch einmal eine Tagebuchnotiz aus Tokyo, gerne auch zum Weiterleiten.
Wir haben Strom, heute geht der Wind ans Meer. Heute Abend haben wir einen kurzen Gottesdienst in unserer Kirche. 6 Personen haben sich dazu angemeldet. Dann schließen wir für 10 Tage. Wir bangen, beten und hoffen weiter. Aber wir sind und bleiben in Gottes Hand. Amen“.

London. *Ezechiel 34, 1 - 15*[30]

Und des HERRN Wort geschah zu mir und sprach: Du Menschenkind, weissage wider die Hirten Israels, weissage und sprich zu ihnen: So spricht der Herr, HERR: Weh den Hirten Israels, die sich selbst weiden! Sollen nicht die Hirten die Herde weiden? Aber ihr fresset das Fette und kleidet euch mit der Wolle und schlachtet das Gemästete; aber die Schafe wollt ihr nicht weiden. Der Schwachen wartet ihr nicht, und die Kranken heilt ihr nicht, das Verwundete verbindet ihr nicht, das Verirrte holt ihr nicht und das Verlorene sucht ihr nicht; sondern streng und hart herrschet ihr über sie. Und meine Schafe sind zerstreut, als sie keinen Hirten haben, und allen wilden Tieren zur Speise geworden und gar zerstreut. Und gehen irre hin und wieder auf den Bergen und auf den hohen Hügeln und sind auf dem ganzen Lande zerstreut; und ist niemand, der nach ihnen frage oder ihrer achte. Darum höret, ihr Hirten, des HERRN Wort! So wahr ich lebe, spricht der Herr, HERR, weil ihr meine Schafe lasset zum Raub und meine Herde allen wilden Tieren zur Speise werden, weil sie keinen Hirten haben und meine Hirten nach meiner Herde nicht fragen, sondern sind solche Hirten, die sich selbst weiden, aber meine Schafe wollen sie nicht weiden: darum, ihr Hirten, höret des HERRN Wort! So spricht der Herr, HERR: Siehe, ich will an die Hirten und will meine Herde von ihren Händen fordern und will mit ihnen ein Ende machen, dass sie nicht mehr sollen Hirten sein und sollen sich nicht mehr selbst weiden. Ich will meine Schafe erretten aus ihrem Maul, dass sie sie forthin nicht mehr fressen sollen.. Denn so spricht der Herr, HERR: Siehe, ich will mich meiner Herde selbst annehmen und sie suchen. Wie ein Hirte seine Schafe sucht, wenn sie von seiner Herde verirrt sind, also will ich meine Schafe suchen und will sie erretten von allen Örtern, dahin sie zerstreut waren zur Zeit, da es trüb und finster war. Ich will sie von allen Völkern ausführen und aus allen Ländern versammeln und will sie in ihr Land führen und will sie weiden auf den Berge Israels

[30] Predigt am Sonntag Misericordias Domini 2011 in St. Johannis, Göttingen

und in allen Auen und auf allen Angern des Landes. Ich will sie auf die beste Weide führen, und ihre Hürden werden auf den hohen Bergen in Israel stehen; daselbst werden sie in sanften Hürden liegen und fette Weide haben auf den Bergen Israels. Ich will selbst meine Schafe weiden, und ich will sie lagern, spricht der Herr, HERR. Ich will das Verlorene wieder suchen und das Verirrte wiederbringen und das Verwundete verbinden und des Schwachen warten; aber was fett und stark ist, will ich vertilgen und will es weiden mit Gericht.

Es sind Worte, die uns gesagt worden sind, die sich einprägen und eigene Bilder entwerfen. Worte, die so vertraut sind wie der Psalm, den wir miteinander gebetet haben. Worte die hart und schroff sind, wie die des Propheten Ezechiel, so dass man sie am liebsten wegschieben würde. Um das Nahe und Vertraute nicht zu gefährden. Der Gute Hirte. Und so sehe ich statt der Umwälzung, der Revolution etwas anderes, nämlich dieses Bildnis aus Kinderzeiten, weich gezeichnet in schwarz-weiß. Wallendes Haar, sanfter Blick, dementsprechend weich fallender Umhang, jedoch fester Griff um Stecken und Stab, dazu sanfte Tiere. Und: ein Weg, der ins Freie führt. Das Bild der Kindheit berührt sich mit anderen Bildern, ohne sie jedoch ganz genau vor Augen zu haben. Menschen mit entschlossenem Blick, die führen und leiten können. Zeigen, wo es lang geht. Persönlichkeiten, die Nähe zu erlauben scheinen, jedoch unerreichbar sind, unangefochten in ihrer Macht. Das vertraute Bild wirft eine andere, dunkle Seite auf, ja, das vertraute Wort klingt fremd und hart. Dem müssen wir uns stellen. Auch wenn ich mich an dem Schönen und Sicheren weiden möchte, bin ich geworfen in Widerspruch und Angst.

„Ich will".
So haben wir es eben gehört. So wie wir es in unserer Zeit selbst gesagt, aber auch oft genug gehört haben werden. Und wir haben dabei auf Gesichter

gesehen, die uns vertraut vorkommen, jedoch unerreichbar bleiben werden. Am vorletzten Freitag zum Beispiel. „I will", hatte er mit festem Gesicht auf die Frage des Erzbischofs von Canterbury geantwortet. Und auch sie hatte gesagt: „I will", etwas leiser wohl, wie später einige in der Presse vermerken sollten, jedoch so klar, dass der Fernsehkommentator in seiner dezenten Art dieses nicht meinte übersetzen zu müssen, denn dieses „Ich will" ist zu verstehen, und selbst, wer nicht lieben kann, weiß, welche Kraft in diesem Versprechen liegt. Und welche Zuversicht den gemeinsamen Weg in die Zukunft begründet. „Guide me, O Thou great Redeemer" sang die wohl tausendköpfige Gemeinde von Westminster Abbey, sangen die königliche Familie und Elton John und Rowan Etkinson, nicht nur, weil dieser Choral zu einer britischen Trauung dazu gehört wie ganz früher bei uns „So nimm denn meine Hände", sondern weil alle ahnen, dass zu der Bekundung des gemeinsamen Willens noch ein anderer gehört, der führen und leiten will. Denn immer ist unsere Zukunft offen.

Und so hatten sich denn auch die Kameraführung entschlossen, für einen ganz kurzen Moment vom Erfassen der prominenten Gesichter abzusehen und stattdessen den von jungem Grün gesäumten Mittelgang der Kirche zu zeigen; so konnte man in der ganzen Welt sehen, wie der Weg geradewegs auf die geöffnete Portaltür zuführt, durch die das Licht wie aus einer anderen Welt in die gedämpfte Feierlichkeit fällt. Der Weg, der ins Freie führt. Das Feld des Neuen, das sich für sie, die da lang gehen werden, aber eigentlich auch für mich eröffnen soll. Also: selbst ich, der sich mit königlichen Geschichten absolut nicht auskennt und schnell mit der Kritik bei der Hand ist („was das alles kostet"), konnte mich der Faszination, ja auch der Rührung nicht entziehen, habe an jenen Psalm gedacht, der aus Kindertagen so vertraut ist: *„Und ob ich schon wanderte im finstren Tal, fürchte ich kein Unglück, denn du bist bei mir"* (Psalm 23,4).

Da ist es wieder, dieses Bild vom guten Hirten, dieses Bild der Fülle und Geborgenheit, des Aufbruchs und des gewissen Zieles, entstanden aus der eigenen Sehnsucht, entworfen an dem Ausdruck einer fremden, kostbaren Welt. Doch dieses Bild kann zum Vexierbild werden. So dass es bei den Hirten in derselben Gegend kaum merklich zunächst zum Fürchten wird. Ezechiel hatte damals wohl daran gedacht, wie sie draußen auf dem Felde bei den Hürden waren und nicht nur des Nachts ihre Herde gehütet hatten, sondern auch des Tags, die ganze Zeit also mit ihren Tieren zusammen waren. Ihr Beruf hatte mit anvertrautem Leben zu tun, und dieses Vertrauen der rechtmäßigen Besitzer setzte bei den angestellten Hirten das Einhalten gewisser Grundsätze voraus. Natürlich durften sie Kleidung aus Wolle gegen nächtliche Kälte fertigen. Sie durften sich auch durch Milch und dem gewonnenen Käse stärken. Durften sie dann auch davon verkaufen? Und wie ist es, wenn die Gewohnheit von weichem Weißkäse zusätzlich mal nach Gebratenem verlangt, zum Beispiel des Nachts, wo doch alle anderen der Ruhe pflegen. Wo kein Richter ist, ist auch kein Kläger. Wenn das Bedürfnis nach Stärkung und Befriedigung mächtig in einem rufen lässt: „Ich will“. Hirten, die sich selber hüten. Die sich sagen:

„Ich will mehr“.

Wenn man sozusagen durch das Portal von Westminster Abbey ins Freie tritt, weiter geht über St. James Park und Buckingham Gate, dann durch den Greenpark schreitet, kommt man, sich rechts haltend, unweit vom Ritz, nach Mayfair, einem der vornehmsten Viertel dieser Weltstadt. Und dort könnte man in einem schwarzen Haus einen Geschäftsmann finden [31]mit freundlichem Gesicht und unscheinbarem Äußeren, so wie man eben aussieht. Er ist Trader von Beruf, Fondsmanager, „Chocfinder“. Es geht um Schokolade, genauer: Um Rohkakao und was man dran verdienen kann. Und er will das, was man will, nämlich mehr. Und so kauft er von Händlern in großen Mengen

---

[31] Vgl. DER SPIEGEL 17, 2011. S.52 ff

Ware auf, wenn sie günstig ist, hält sie in großen Mengen zurück, verknappt so das weltweite Angebot, verteuert die Nachfrage und verdient, während andere daran kaputt gehen, Erzeuger in Afrika und auch Produzenten mit ihren Angestellten in Europa, weil sie die künstlich in die Höhe getriebenen Preise nicht mehr zahlen können. Und dabei sind Hedge-Fonds von ihrem Ansatz her ein Prinzip der Lebenssicherung, weil sie Grundpreis garantieren und die Verfügbarkeit von Waren sichern könnten, erweisen sich jedoch als Anlass der weltweiten Verunsicherung und des Elends, gegründet auf dem kindlich zu nennenden Prinzip des „Ich will mehr".

Im guten Hirten bildet sich in den biblischen Schriften das Selbstverständnis der Könige, aber auch ihrer Propheten und der Priester, das ihnen anvertraute Leben im Auftrag des Höchsten zu sichern und sich selbst entfalten zu lassen. Und natürlich gilt es genauso für alle anderen, in deren Hände Leben gelegt ist. Für die, die eine Familie nähren und leiten, genauso für die, die einen Betrieb leiten, für die, die wirtschaftliche Verantwortung tragen. Wenn aber das Kapital zum Prinzip des Eigennutzes wird, gilt auch das, was über jene Hirten gesagt wird, die vielleicht sogar unmerklich und ungewollt dem Gegenbild entsprechen: *„Wehe den Hirten Israels, die sich selber weiden…ihr fresset das Fette und kleidet euch mit der Wolle und schlachtet das Gemästete, aber die Schafe wollt ihr nicht weiden*" (Ezechiel 34, 2f).

Nein, so ist es nicht, das Bild des Präsidenten. Da ist nichts von gemästeter Selbstzufriedenheit zu erkennen, nichts von Sattsein oder gar von Freude, wie sie andere laut gefühlt und geäußert haben. Da ist nur der Ernst, die Anspannung und die Verantwortung zu erahnen, als er am Sonntag vor die Kameras der Welt trat, um zu sagen: „Heute kann ich dem amerikanischen Volk und der Welt mitteilen, dass die USA eine Operation durchgeführt haben, die Osama bin Laden getötet hat, den Führer der Al-Qaida und einen Terroristen, der für den Mord an Tausenden von unschuldigen Männern, Frauen und Kindern verantwortlich ist“. Und wie zum Beleg haben wir im Fernsehen immer wieder in diesen Tagen die Bilder vom 9/11 gesehen, wie sich das zweite Flugzeug in die brennenden Twin-Towers bohrte, Symbole der Macht, in denen jedoch Menschen aus der ganzen Welt lebten und arbeiteten; wir sahen die zerfetzen Züge vom Atocha-Bahnhof in Madrid, sahen die U-Bahn- Station London und die Trümmer von Nairobi, das brennende Hotel in Mumbai und: Wir sahen immer wieder diesen hageren Mann mit seinem stechenden Blick und dem schmalen Mund- zur Symbolfigur des Terrors geworden, der die Welt überzogen hat. Wir sahen ihn mit Kalaschnikoff und mit Wanderstab. Wir sahen dazu andere Bilder des Präsidenten, zusammen mit Militärs vor flachen Monitoren sitzend, den Einsatz der Navy Seals verfolgend, den Einsatz, den er selbst entschieden hat.

Ich will es jetzt.
Ob er es so gesagt hat, bevor die Hubschrauber abgehoben hatten? Ob eine Option zur Gefangennahme des meist gesuchten Terroristen bestanden hat oder ob es eine ausschließliche Entscheidung war, nun endlich zu einer killmission kommen zu müssen. Ausdrücklich, ja mit großem Nachdruck betont der Präsident in seiner Rede, dass die Vereinigten Staaten nicht im Krieg mit dem Islam sind und es niemals sein werden. Er weist zugleich darauf hin, dass auf Bin Laden die Ermordung von Muslimen zurückgeht. Und verweist darauf, dass es eine Pflicht zur Verteidigung gibt. Und wenn man in diesem entsetzlichen Entscheidungsdruck das Bild von dem Hirten zu bemühen wagt, könnte man darauf kommen, dass jener Stecken und Stab, der trösten soll, auch mit Schutz und Gegenwehr zu tun hat. So beschließt der Präsident seine nach Meinung vieler Kommentatoren wichtigsten Rede mit dem Hinweis darauf, dass diese Entscheidung nicht auf Reichtum oder Macht beruht, sondern auf dem, was sie sind und wie sie sich verstehen, „als eine Nation unter Gott, nicht trennbar von Freiheit und Gerechtigkeit“. Ist das wirklich so? Können wir von ihm, von uns mit Gewissheit sagen, zu der Herde zu gehö-

ren, die der Herr nun endlich selbst weiden will? Die Entscheidung zu töten, so sehr sie als Reaktion auf erfahrene Gewalt und erlittenes weltweites Unrecht zu verstehen und zu begreifen ist, bleibt verbunden mit ihrer Ursache, dem Terror, und mit seinen Ursachen, die es zu benennen gilt, ja sie ist ein Teil davon. Es sind die Bilder vom Hirten, die in diese Richtung weisen und mit ihren Worten die Realität aufdecken und hart beurteilen: *„Der Schwachen wartet ihr nicht, und die Kranken heilt ihr nicht, das Verwundete verbindet ihr nicht, das Verirrte holt ihr nicht und das Verlorene sucht ihr nicht; sondern streng und hart herrschet ihr über sie“* (Ezechiel 34,4). Deshalb gibt es einen, der die Welt nicht unserem Willen überlassen will, sondern von sich aus sagt:

„Ich will. Ich will“.
Unsere Welt ist in diesen Wochen und Tagen nicht anders geworden. Und es sieht auch nicht so aus, als ob sie das von sich aus könnte. Weil wir an diese Selbstbemächtigung so gebunden zu sein scheinen. Können wir hören, was sein Wille ist, auch wenn es unsere Bilder und Entwürfe, unsere Gewohnheiten übersteigt?

„Ich will das Verlorene wieder suchen und das Verirrte wiederbringen und das Verwundete verbinden und des Schwachen warten“(Ezechiel 34,16). *„Ich will einen neuen Himmel und ein neue Erde schaffen, dass man der vorigen nicht mehr gedenken und sie nicht mehr zu Herzen nehmen wird“* (Jesaja 65,17). Das ist der Weg, der ins Freie führt: *„Dass Güte und Treue einander begegnen, Gerechtigkeit und Frieden sich küssen“* (Psalm 85,11). Nur das kann unser Weg sein.

Göttingen. *Apostelgeschichte 16, 16 - 34*[32]

Es geschah aber, als wir zum Gebet gingen, da begegnete uns eine Magd, die hatte einen Wahrsagegeist und brachte ihren Herren viel Gewinn ein mit ihrem Wahrsagen. Die folgte Paulus und uns überall hin und schrie: Diese Menschen sind Knechte des allerhöchsten Gottes, die euch den Weg des Heils verkündigen. Das tat sie viele Tage lang. Paulus war darüber so aufgebracht, dass er sich umwandte und zu dem Geist sprach: Ich gebiete dir im Namen Jesu Christi, dass du von ihr ausfährst. Und er fuhr aus zu derselben Stunde.

Als aber ihre Herren sahen, dass damit ihre Hoffnung auf Gewinn ausgefahren war, ergriffen sie Paulus und Silas, schleppten sie auf den Markt vor die Oberen 20 und führten sie den Stadtrichtern vor und sprachen: Diese Menschen bringen unsre Stadt in Aufruhr; sie sind Juden und verkünden Ordnungen, die wir weder annehmen noch einhalten dürfen, weil wir Römer sind. Und das Volk wandte sich gegen sie; und die Stadtrichter ließen ihnen die Kleider herunterreißen und befahlen, sie mit Stöcken zu schlagen. Nachdem man sie hart geschlagen hatte, warf man sie ins Gefängnis und befahl dem Aufseher, sie gut zu bewachen. Als er diesen Befehl empfangen hatte, warf er sie in das innerste Gefängnis und legte ihre Füße in den Block.

Um Mitternacht aber beteten Paulus und Silas und lobten Gott. Und die Gefangenen hörten sie. Plötzlich aber geschah ein großes Erdbeben, sodass die Grundmauern des Gefängnisses wankten. Und sogleich öffneten sich alle Türen und von allen fielen die Fesseln ab. Als aber der Aufseher aus dem Schlaf auffuhr und sah die Türen des Gefängnisses offen stehen, zog er das Schwert und wollte sich selbst töten; denn er meinte, die Gefangenen wären entflohen. Paulus aber rief laut: Tu dir nichts an; denn wir sind alle hier! Da forderte der Aufseher ein Licht und stürzte hinein und fiel zitternd Paulus und Silas zu Füßen. Und er führte sie heraus und sprach: Liebe Herren, was

[32] Predigt über am Sonntag Kantate 2012 in St. Albani, Göttingen

muss ich tun, dass ich gerettet werde? Sie sprachen: Glaube an den Herrn Jesus, so wirst du und dein Haus selig! Und sie sagten ihm das Wort des Herrn und allen, die in seinem Hause waren. Und er nahm sie zu sich in derselben Stunde der Nacht und wusch ihnen die Striemen. Und er ließ sich und alle die Seinen sogleich taufen und führte sie in sein Haus und deckte ihnen den Tisch und freute sich mit seinem ganzen Hause, dass er zum Glauben an Gott gekommen war.

Der Sonntag Kantate. *I am singing in the rain*. Oder, wie es der Liedermacher Hannes Wader gesungen hat: „*Da zu glauben, wo andere zweifeln. Trotz und alledem*". –„*Wie lieblich ist der Maien*" (Evangelisches Gesangbuch 501,1). Ob ihr vorhin auch gesungen habt, trotz und alledem, ich meine so von innen heraus, auf dem Weg hierher? Während die Glocken von St.Albani laut läuteten, sich unterscheidend von denen in St. Paulus und Johannis und Jacobi und Michael und doch einen gemeinsamen Klang bildend, der alle Richtungen umfasst. Der Weg aber ist klar, an den Vorgärten vorbei, blühender Flieder in der Baurat-Gerber-Straße, das Rondell am Theaterplatz, die Linden auf dem Wall. Die Kastanien im Cheltenham-Park: Göttingen im Frühling, das ist so wunderschön, da möchte man am liebsten stehen bleiben, still; und zugleich herausgehen, aus allem, was belastet, sich entfernen von dem, was schroff einher kommt. Singen also, und zwar kräftig, gemeinsam in jenen Klang einmündend, der verbindet und trägt und die Zeiten zu überwinden scheint.

Doch die Zeiten sind so, wie sie sind, schroff und schrill, waren es auch früher. Lukas hat es in der Apostelgeschichte erzählt, wie sie in Philippi, dieser staubigen mazedonischen Handels- und Garnisonsstadt einer Sklavin begegneten, die mit ihrem Wahrsagegeist, genauer gesagt: mit ihrem schlangenhaften Reden aus dem Bauch heraus ihren Herren einen hohen Ertrag einbrachte: diese folgte Paulus und den anderen nach (man könnte auch übersetzen: versuchte ihnen nahe zu kommen- was auch immer damit gemeint ist) und schrie laut- wir können also erkennen, wie das Laute, das Sich - Anbiedernde und Bemächtigende, möglicherweise auch das Faszinierende sich verbindet mit Unfreiheit und gewinnorientierten Interessen, und schon sind wir bei dem Markt der Musik, will sagen: In dieser Welt zwischen Vertriebsgesellschaften und Konsumenten, zwischen GEMA und Piraten, geht es darum, möglichst viele der elektronischen Träger abzusetzen, deshalb sind sie auch oft mit Video-Art und schlängelnden, scheinbar lebenslustigen Bewegungen unterlegt; andererseits aber ist der Konsument darauf aus, sich der Tonerzeugnisse möglichst kostengünstig zu bemächtigen. Freies Herunterladen aus dem Netz als politisches Programm ist in der Tat die Piraterie, die mit dem Ziel grenzenloser und austauschbarer Hintergrundunterhaltung zulasten der Künstlerinnen und Künstler geht. Doch Musik an sich drückt etwas aus und bringt zum Klingen, was nichts mit Angebot und Nachfrage zu tun hat; sie meint das Besondere, das im Augenblick seiner Wiedergabe das Gehör und die Herzen erreicht und darin einmalig ist. Wer je versucht hat, Musik mit Worten zu beschreiben, weiß, dass Gehalt der Melodien, Harmonien und Rhythmen das sprachliche Vermögen übersteigt. Deshalb drängt die tiefste Freude, die Liebe zum Leben und das Loben Gottes, zum Erklingen.

Die Sklavin aber, der Paulus und die anderen auf der Straße begegnen, schreit. Was? „*Diese Menschen sind Knechte des höchsten Gottes und sie verkündigen Euch den Weg zum Heil* “ (Apostelgeschichte 16,17). Sie lässt damit das Richtige hören. Laut. Ob es aber auch die Wahrheit ist? Man kann es so und so sehen. Denn der Herr ist nicht nur einer, „*der nahe ist, sondern auch ein Gott, der fern ist; er ist es, der Himmel und Erde erfüllt*“ (Jeremia 23,23f). Natürlich lässt sich seine Wahrheit im scheinbar Gegenteiligen erkennen, warum nicht also auch in den Worten einer Wahrsagerin, zumal sie von ihrem Status her weiß, wie es ist, einen Herrn zu haben. Doch es ist auch so, dass sich religiöse Äußerungen selbst den Gesetzen des Marktes unterstellen. Auch dafür steht die Sklavin, die mit ihrer offensichtlichen Faszination und elementar berührenden Äußerungen Gewinn einbringt. Weiß ja, wie das ist, wenn man für kirchliche Arbeit werben will, muss man sich in kommunikative Beziehungen hinein begeben, hat Konkurrenz zu anderen Veranstaltungen zu ertragen und versucht wie diese zu werben, will kirchliche Veranstaltungen, Konzerte, auf dem kulturellen Markt platzieren, kurz: muss fragen, auch betteln: *„Können Sie bitte dieses Plakat aufhängen"?* Geht ja meistens in Göttingen. Wir sind dazu gesandt, in alle Welt zu gehen, zu taufen, zu lehren und weiterzugeben, was der lebendige Christus uns gegeben hat. Deshalb müssen wir gehen, die Straßen runter, hören, stehen bleiben, reden; müssen den Markt der Möglichkeiten nutzen- aber auch die Möglichkeiten des Marktes? Gewiss benötigen wir mediale Präsenz, um den Ruf der Freiheit vernehmbar sein zu lassen, doch habe ich, es mag am Alter liegen, meine Zweifel, ob es nötig ist, sich vom medialen Marktgeschehen bestimmen zu lassen, zum Beispiel schon jetzt auf das Lutherjahr 2017 mit Veranstaltungen, großen Inszenierungen und Botschaften hinzuweisen und Aufmerksamkeit einzufangen. Denn: *„Unsere Werke können uns nicht mit Gott versöhnen uns nicht Gnade erwerben. Gute Werke…"*, so heißt es weiter im Augsburger Bekenntnis, *„sollen geschehen zu Gottes Lob" (CA XX)*[33]. Was uns wieder zur Musik führt. Weiß noch, wie an einem Sonnabend, vormittags, vor Pfingsten, alles schien sich in Richtung Marktplatz zu bewegen, auf dem Fahrrad ein älterer Mann überholte. Er brauchte nicht zu klingeln, er pfiff laut, sodass man es vom Albanikirchof bis zur Langen Geismar hinunter hören konnte: *„O komm Du Geist der Wahrheit"*. Fröhlich klapperte dazu das Schutzblech unter dem Gepäckträger, der die alte Aktentasche festhielt. Diese Freiheit. Wie schön. Und genau dazu sind wir gesandt, die Straßen rauf und runter.

[33] Die Bekenntnisschriften der evangelisch- lutherischen Kirche, 4. Auflage Göttingen 1959, S.76.80

Paulus befreit deshalb die Sklavin von ihrem schrillen Zwang. Er befiehlt ihrem Geist im Namen Jesu Christi auszufahren. Woraufhin ihre Herren etwas ausfahren sehen, nämlich die Hoffnung auf Gewinn. Sie veranlassen deshalb die Verhaftung von Paulus und seines Begleiters Silas. Man erkennt sofort, um welchen Geist es geht. Auf dem Marktplatz werden sie des Aufruhrs beschuldigt; sie würden Sitten verbreiten, die nicht in das öffentliche römische Leben passen. Ohne Verfahren werden die beiden wie ihr Herr ausgepeitscht und dem Gefängnisaufseher überantwortet. Dieser schließt sie im innersten Gefängnis ein und sichert ihre Füße im Block. Ein Entkommen ist unmöglich. Und was passiert um Mitternacht, in dieser Stunde, in der sich die Geister scheiden? Die beiden Gefangenen singen. Sie singen im Gebet einen Hymnus auf Gott. Und die anderen Gefangenen hören ihnen zu.

So sagt es die Apostelgeschichte. Sie sagt nicht, was sie gesungen haben. Wie denn auch, wenn keiner von außen als Beobachter anwesend sein konnte. Aber gerade dadurch, dass der Verlauf der gesungenen Melodien (wie übrigens auch bei den Psalmen), nicht gehört, nicht gespeichert worden ist; dass ihre Worte eben nicht der Öffentlichkeit zugänglich gemacht worden sind, wird deutlich, wie sich im Singen der Glaube äußert: tief von innen heraus, keiner äußerlichen Kontrolle und keinem wie auch immer geleiteten Interesse unterworfen, sondern in sich frei, sogar das Zwerchfell: Frei und entspannt; strömender Atem, der sich durch Stimmbänder, formende Zunge und Mundhöhle zum Klang entfaltet, Worte und Denkwege aufnimmt, aber nicht so, als ob sie ausgewählt und angedacht sein müssen, sondern einfach vorhanden sind. Das Lied zum Lobe Gottes, ist in sich ein Wunder. Und dass es gehört wird, auch. Sind wir doch mit unseren Erfahrungen, Erwartungen und auch den einfachen Gewohnheiten wie durch Wände abgeschottet und gefangen. Trotzdem: es gibt diese Lieder, die von innen heraus bewegen und befreien. Muss an Tante Otti denken (so wurde sie von allen genannt, die sie kannten). Sie hatte zu ihrem hohen Geburtstag eingeladen, und alle waren gekommen, sodass es in ihrer hellen, aber kleinen Wohnung eng wurde. „*Sie nehmen bitte hier Platz und sie vielleicht dahinten im Sessel. Ach, ich freue mich, dass Sie alle da sind*". Der Tisch war festlich gedeckt, leicht in Rosa gehalten. Dazu passend die Blumen und Servietten. „*Der Kuchen ist von Cortes, dazu gibt es wie immer roten Sekt, die Schnittchen sind von...*" Ich weiß nicht mehr, weiß nur, dass sie, als wir zulangen wollten, gesagt hatte: „*Zuerst wird aber gesungen*". Und dann holte sie Luft und stimmte an: *„Bis hierher hat mich Gott gebracht"*. Und wer bei der zweiten, spätestens dritten Strophe mit dem Text nicht mehr zu Recht zu kommen meinte, konnte ihrer mit den fast hundert Jahren etwas zittrigen Stimme folgen. „*Wissen Sie", sagte sie dann, „ich muss jeden morgen singen. Weil es mir gut geht. Und ich so dankbar bin".*

Tante Otti war blind.

Aber diese Freiheit. Wie stark. Dieses Lied schloss ihr Lebensverständnis auf, ohne dass noch ein Wort dazu je hätte gesagt werden müssen.

Aufgeschlossen. Aufgesprungen. Nicht nur die Türen des Gefängnisses, die dicht halten sollten, sogar die Erde selbst. Du fragst wie? Ach; ich weiß nicht. Weiß nur, dass es diese Bewegung gibt. Von innen heraus. Wobei, so erzählt es die Apostelgeschichte, es dann so war, dass Paulus und Silas in der offenen Zelle sitzen geblieben waren. Die anderen Gefangenen auch. Das ist diese Freiheit, die so groß ist, dass sie das Gegenteil des Erwarteten ermöglicht. Es ist der Gefängniswärter gewesen, der sich dann bewegt hatte, der hineinstürzte in das Innerste des Gefängnisses, der zitternd niederfiel und fragte: „*Was muss ich tun*" (Apostelgeschichte 16,30)*?*

Die Antwort darauf ist: der Glaube selbst. Nicht, dass etwas getan werden muss. Dieser Glaube ist ein Mit – Sich - Geschehen lassen. Der Gefängniswärter, der zum Gefangenen seiner selbst geworden war, lässt sich taufen. Er lässt sich hinein nehmen in das Leben dieses Jesus Christus, der zum Herrn geworden ist, weil er von den Mächten der Sünde und des Todes befreit. Mit ihm zu leben heißt frei zu sein.

Übrigens: Der Gefängniswärter war dann auch so frei, seine beiden Gefangenen zu sich zum Essen einzuladen. Vielleicht war es damals so wie bei Tante Otti. Denn: Gesungen haben sie auch. Und wir? Natürlich: wir dürfen auch singen, einstimmen in den Klang, der verbindet, trägt und Zeiten überwindet:

Die beste Zeit im Jahr ist mein,
da singen alle Vögelein,
Himmel und Erden ist der voll,
viel gut Gesang, der lautet wohl. [34]

[34] Martin Luther, Die beste Zeit im Jahr ist mein (1538), EG 319, Strophe 1

Ephesus. *Epheser 4, 1 - 5*[35]

„Hey Lydia, warte doch mal“. Aber nix war mit Warten. Joas musste mit ansehen, wie Lydia einfach auf der Straße in Richtung Hafen verschwand. Kaum noch war ihr Kleid wahrzunehmen mit dem alten weiten Schnitt, der sie jetzt in ihren entschlossen zornigen Schritten behinderte; mit jenem Purpurrot, dass sie noch immer trug und in dem er sie zum ersten Mal gesehen hatte, damals, als sie die Straße vom Hafen nach Ephesus hinauf gekommen war.

„Warte doch, Lydia, ich hab es nicht so gemeint“. Joas war es jetzt egal, was die Leute denken mochten über einen Weinhändler, der trotz seiner Fülle zum Lauf angesetzt hatte, als wollte er sich für Sepphoris qualifizieren, vorbei an Obstkarren, angebunden Eseln, quer liegenden Kamelen, vorbei an römischen Patrouillen, Nubierinnen mit Lasten auf dem Kopf, nein, auch das noch: Tischler mit sperrigen Brettern, quer über die Straße; vorbei jetzt an dem Tempel der Artemis, aus dem eigenartige Melodien zur Lyra gelispelt drangen, Joas hat das noch nie gemacht, aber Lydia? Vorbei auch am Tempel des Vespasian, vor dessen ionischen Säulen eine Contubernia mit lautem „Salutamus deum“ und purpurrotem Überwurf im Gleichschritt paradierte; weiter, weiter auf der Marmorstraße: Achtung, jetzt bloß nicht ausrutschen bei den Fischkörben; nicht schlucken, bei diesem Geruch an der Agora, genauer: diesem Gestank aus Krügen, den die Stadt seit jeher ausgezeichnet hatte. „Lydia, bleib“. Keuchend hatte Joas sie eingeholt, so nah dieser Duft nach Rosen, so vertraut und doch wie von der anderen Seite des Meeres her. „Lydia, bleib doch“.

[35] Andacht über Epheser im Kloster Frauenberg Fulda anlässlich des Symposiums der Göttinger Predigten im Internet im September 2012 zum Thema: „Die Sprache der Predigt in der globalisierten Welt“ 2012*

„Nein", sagt sie, „es ist alles gesagt, und wir haben uns entschieden". „Du meinst wegen gestern, weil ich gesagt habe, dass du deine Farbe nicht den Römern verkaufen sollst, für die Mäntel. Ist ja auch was anders als wenn du ihnen Schwerter verscherbeln würdest. Komm, habe ich nicht so gemeint". Lydia sieht Joas an. Lang. Ganz offen, ohne die Augen zu verziehen. Was kann Joas aus ihrem Gesicht lesen? Trauer? Ablehnung? Entschlossenheit? „Nein, Joas, du verstehst mich nicht. Ich brauche das. Meine Eigenständigkeit. Und meinen Glauben". „Dein Glaube ist auch mein Glaube- im Prinzip. Lydia, auch ich in ja auch darauf bedacht, zu wahren die Einigkeit im Geist". „Ach, wie du redest - es ist doch so: Ein Leib und ein Geist, wie ein Herr, ein Glaube, eine Taufe; ein Gott und Vater aller"? „Also, weißt du, Lydia, jetzt reicht es, ich kann doch zählen. Es ist nur einer". „Siehst du: Schon fängst du wieder an zu rechnen. Deshalb gehe ich meinen Weg". „Lydia, was bleibt uns"? „Wir werden sehen".

Ja, es ist nur einer. Aber es sind so viele Wege. Noch weiter als über das Meer, von Ephesus nach Philippi. Wer trägt?

Gib, dass wir heute,
Herr durch dein Geleite
auf unsren Wegen unvermindert gehen
und überall in deiner Gnade stehen.
Lobet den Herren.[36]

[36] Paul Gerhardt (1653), EG 447,7

Göttingen. *Jesaja 35, 1 - 10*[37]

Aber die Wüste und Einöde wird lustig sein, und das dürre Land wird fröhlich stehen und wird blühen wie die Lilien. Sie wird blühen und fröhlich stehen in aller Lust und Freude. Denn die Herrlichkeit des Libanon ist ihr gegeben, der Schmuck Karmels und Sarons. Sie sehen die Herrlichkeit des HERRN, den Schmuck unseres Gottes. Stärkt die müden Hände und erquickt die strauchelnden Kniee! Saget den verzagten Herzen: Seid getrost, fürchtet euch nicht! Sehet, euer Gott, der kommt zur Rache; Gott, der da vergilt, kommt und wird euch helfen. Alsdann werden der Blinden Augen aufgetan werden, und der Tauben Ohren geöffnet werden; alsdann werden die Lahmen springen wie ein Hirsch, und der Stummen Zunge wird Lob sagen. Denn es werden Wasser in der Wüste hin und wieder fließen und Ströme im dürren Lande. Und wo es zuvor trocken gewesen ist, sollen Teiche stehen; und wo es dürr gewesen ist, sollen Brunnquellen sein. Da zuvor die Schakale gelegen haben, soll Gras und Rohr und Schilf stehen. Und es wird daselbst eine Bahn sein und ein Weg, welcher der heilige Weg heißen wird, dass kein Unreiner darauf gehen darf; und derselbe wird für sie sein, dass man darauf gehe, dass auch die Toren nicht irren mögen. Es wird da kein Löwe sein, und wird kein reißendes Tier darauf treten noch daselbst gefunden werden; sondern man wird frei sicher daselbst gehen. Die Erlösten des HERRN werden wiederkommen und gen Zion kommen mit Jauchzen; ewige Freude wird über ihrem Haupte sein; Freude und Wonne werden sie ergreifen, und Schmerz und Seufzen wird entfliehen.

Wir denken immer; was sein wird, ist eine Folge dessen, was gewesen ist. Zum Beispiel auf der Straße. Sich hier in dieser Zeit freuen zu können. Also: es war am späten Nachmittag, gleich nach dem ersten Advent, allerdings vor ein, zwei Jahren. In der Groner Straße, vor Karstadt, also dort, wo es selbst

[37] Predigt am 2. Advent 2012 in St. Johannis*

noch auf der Straße nach unendlicher Parfümmischung und abgestandener Luft riecht. Das Hin- und Her von Menschen mit ihren Einkäufen, das Übliche also in der Vorweihnachtszeit. Da kam sie. Sie hätte mich beinah mit ihren sicheren, fast zackigen Schritt- nun: nicht umgerannt, aber beinah angestoßen. Lederjacke. Strickmütze, darunter hervorlugend dunkle Haare. Umhängetasche über der Schulter, unterm Arm, in der Hand: Einkaufstaschen, diverse Tüten. Ihre dunkel geschminkten Lippen waren gespitzt. Denn: Sie pfiff. Laut. Was? „O Du fröhliche“. Nicht „Last Christmas“ (wie soll man/frau denn auch so seicht wie Wham pfeifen), auch nicht „Rudolph The Red-Nosed Reindeer“, was einem Pastor wieder die Gelegenheit gegeben hätte, die liturgisch-korrekte Nase zu rümpfen, so als müsste in der Adventszeit immer „Mit Ernst, o Menschenkinder“ gesungen werden. Nein, diese Frau pfiff. Auf der Straße, vor dem Kaufhaus: „O du fröhliche“. Da hab auch ich mich einfach gefreut. Konnte sie natürlich nicht nach den Gründen fragen (tut man ja auch nicht). Außerdem wollte ich nicht mit Überlegungen über mögliche Anlässe, Hintergründe, Entwicklungen und Fortschritte diesen Eindruck dämpfen. Außerdem war sie längst mit energischem Schritt weitergestiefelt. Denn Freude hat ihre eigene Zeit.

Kreisverkehr. Welt ging verloren. Am Wochenanfang war in SPIEGEL ONLINE zu lesen, dass Wissenschaftler eine Erderwärmung um 5 Grad für wahrscheinlich halten, mit verheerenden Folgen für die Menschheit. Auf dem Klima-Gipfel in Doha forderten die kleinen Insel-Staaten, die Obergrenze auf 1,5 Grad festzusetzen, weil sie andernfalls überschwemmt werden. Doch nach dem gestrigen Ende der Klimakonferenz, das zwar eine Verlängerung des Kyoto-Protokolles gebracht hat, ist auch deutlich geworden, dass eine Eingrenzung auf 2° nicht zu erreichen ist. Weil Länder wie Polen auf ihren Emissionsrechten bestehen und weil die Entwicklungsländer, zu denen sich auch China und Indien zählen, auf ihrem Recht für jene Entwicklung beharren, die die etablierten Industrienationen hinter sich haben und die zugleich von der

Erschließung neuer Märkte profitieren werden. Man kann es auch so sagen: es ist die Orientierung am Profit, die Möglichkeiten zum Leben buchstäblich untergehen lässt. Sie erwächst aus dem, was war. Wie ein Kreisverkehr, der, sofern man ihn nicht verlässt, Umkehr ausschließt und im Strudel endet. Welt ging verloren: Der Profit ist die Macht des Gewesenen.

Einbahnstraße? Wenn wir bei Jesaja zurückblättern, so wie man im Buch des Herrn suchen und lesen soll (Jesaja 34, 16), so müssen wir uns schreckliche Aussagen über den Tag des Zorns stellen: Spuren von Gewalt und Blut; wütende Waffen, rasende Zerstörung; vergiftete Flüsse und belasteter Boden, Verödung und Verunkrautung, Giftschlangen, die am Ende einen Evolutionsvorteil besitzen: nichts als Entsetzlichen, Furchtbares, unendlicher Schrecken am Ende, aus der Schuld der Völker erwachsen. Einbahnstraße. Was soll da noch werden? Doch die Bibel, die mit der Schöpfung beginnt, wäre nicht das Buch des Herrn, wenn es nicht weiter gehen würde. Ganz neu und ganz anders. Und so lesen wir bei Jesaja unmittelbar nach dem Ende von Kapitel 34 etwas von einer neuen Schöpfung, so dass es von jener Straße her fröhlich zu pfeifen scheint:

Aber die Wüste und Einöde wird lustig sein, und das dürre Land wird fröhlich stehen und wird blühen wie die Lilien. Sie wird blühen und fröhlich stehen in aller Lust und Freude.

„Die Wüste lebt". Weiß noch, wie ich als Kind diesen Film gesehen habe. Wie ich anschließend vom Ufa-Kino am Theaterplatz durch Hannovers Straßen gelaufen bin, nicht auf die Leute achtend, über Pfützen gesprungen bin, An der Goseriede auf der Straßenmitte den Gegenverkehr beachtend, und dann quer im Dauerlauf über den Klagesmarkt, an Bauzäunen und Schutthalden vorbei, dunkel und unheimlich die Christuskirche mit ihren Büschen herum, doch was ich sah, war das Bild dieser Wüste, und wie nach dem plötzlichen

Regen Pflanzen aus dem steinigen Boden heraus brachen und sich in Formen und Farben entfalteten, so wie ich es noch nie gesehen hatte, weder im Blumenladen an der Ecke noch in unserem Garten in der Steintormasch. Ich sollte zuhause von dem Film erzählen, doch ich konnte das nicht, weil das Schöne, was so unvermittelt da gewesen war und ich gesehen hatte, sich nicht in Worte fassen lassen wollte. Es war so wunderschön gewesen, so anders als alles was ich gekannt hatte, und doch hatte ich dieses andere gesehen. Vielleicht hat jeder von uns so ein Gegenbild des Schönen in sich, läuft oder fährt so durch die Straßen und Wege des Alltags und weiß, dass das, was man sieht, nicht alles ist. „Nur wenn das, was ist, sich ändern lässt, ist das, was ist, nicht alles“: so hat es einmal Theodor W. Adorno in der ‚Negativen Dialektik’ gesagt. Die Bibel sagt es anders. Sie benutzt dabei nicht die Sprache der Abstraktion, sondern des Körpers. Gerade gehen ist was anderes als einknicken. Und aufstehen was anderes als liegen bleiben.

Stärkt die müden Hände und erquickt die strauchelnden Knie! Saget den verzagten Herzen: Seid getrost, fürchtet euch nicht! Sehet, euer Gott, der kommt zur Rache; Gott, der da vergilt, kommt und wird euch helfen.

Wieder auf der Straße. Wenn man in Göttingen auf der Straße nicht weiter kommt, dann handelt es sich meistens um eine Demo. Man tut gut daran, Geduld zu haben und sich nicht irgendwo durch einen Schleichweg zu drängeln, denn der führt der meistens in eine Sackgasse. Besser ist es zu bleiben und sich mit der Sache auseinanderzusetzen, zu spüren, wo das Recht eingefordert wird und wo es verletzt wird. Manchmal habe ich aber auch bei einer Demo Angst. Ob Glaube eine demonstrative Seite hat? Jene Frau vor Karstadt (von der ich nicht einmal weiß, ob sie glaubt- es auch nicht wissen muss) hat öffentlich etwas ausgedrückt, das jede Angst nimmt: Freue dich, o Christenheit. Das zu hören, zumal ohne Worte, sodass die Bedeutung in das Gepfiffene hineinzulegen war und so ein Verstehen und Verstandensein möglich war, das keiner Auslegung bedurfte- das also war stark. Und stärkte. Weil es entspannte. O du fröhliche. Na klar: Wie schön diese Adventszeit doch ist. Obwohl genau das andere unvermittelt daneben steht. Auf ‚verloren' reimt sich ‚geboren', aber Welt und Christ stehen gegenüber. Oder? Wer steht für was? Jesaja lässt uns Wartende sehen. Sie sind gestärkt, getröstet, angstfrei und mit aufrechtem Gang. Und sie, sie sollen hinsehen. Er kommt. Aber nicht weil sie sehen, stark sind und um den Trost wissen und auf das Recht hoffen. Er kommt unabhängig von ihnen. Und auch von uns. Sein Kommen wird sein. Nicht demonstrativ, sondern frei. Unser Glaube und unsere Vernunft, unsere Moral und unser Recht, auch nicht unsere Angst ihn können sein Kommen nicht bewirken. Er kommt von sich aus. Seine Zukunft ist eine eigene Zeit. Kannst also ruhig und fröhlich auf der Straße pfeifen.

Alsdann werden die Lahmen springen wie ein Hirsch, und der Stummen Zunge wird Lob sagen. Und es wird daselbst eine Bahn sein und ein Weg, welcher der heilige Weg heißen wird, man wird frei sicher daselbst gehen. Die Erlösten des HERRN werden wiederkommen und gen Zion kommen mit Jauchzen; ewige Freude wird über ihrem Haupte sein; Freude und Wonne werden sie ergreifen, und Schmerz und Seufzen wird entfliehen.

Nochmals die Straße rauf und runter. Bin vorgestern zufällig wieder die Straße runter gegangen, die hier zur Kirche führt. Sie ist anders geworden. Es sind alte Häuser abgerissen, neue gebaut. Junge Paare sind dorthin gezogen, wo früher Ältere und Alleinstehende gewohnt haben. Ach, so allein standen sie gar nicht. Musste an sie denken, wie sie zusammen mit ihren Freundinnen am Sonntagmorgen die Straße herunter kamen, noch bevor die Glocken zu läuten anfingen. Mit sicherem Schritt, obschon sich auf der Gehhilfe abstützend. Diese Krücke, wie sie immer sagte, konnte sie auch schon mal bei den Diskussionen im Gemeindehaus schwingen (sie war nämlich aus A-lu), nämlich dann, wenn es um die Themen der Rentensicherung oder dem Bleiberecht für Flüchtlinge ging. Schließlich war sie ja auch geflohen und wusste, wie das ist, wenn man keine Bleibe hat. Dankbar war sie für ihre

Wohnung, die sie in den Fünfzigern von der Genossenschaft erhalten hatte. Klein war sie und anfangs auch feucht, aber es hatte für ihre fünfköpfige Familie ausgereicht. Und zu essen hatten sie auch immer was gehabt. Jedes Jahr war sie zum Schlesiertreffen gefahren. Gewählt hat sie trotzdem immer SPD: „Weil der Willy Brandt doch für den Frieden war". Und immer ist sie in die Kirche gegangen; nur am Heilig Abend nicht, weil das mit den vielen Leuten nichts für sie war. Beim Kirchkaffee stand sie pünktlich um 12 auf, um dann noch die Runde über den Friedhof zu machen. „Wissen sie", sagte sie einmal, als ich sie zufällig am Grab ihres Kindes traf, „ ohne den da oben wäre es nicht gegangen". Es gibt diesen Weg durch die Wüsten der Zeit. Nicht breit, aber eben, sicher und deutlich. Gehen wir so? Er ist gegangen, um auf uns zu zukommen.

Nun komm, der Heiden Heiland,
der Jungfrauen Kind erkannt!
Dass sich wundre alle Welt,
Gott solch' Geburt ihm bestellt.

Er ging aus der Kammer sein,
dem königlichen Saal so rein,
Gott von Art und Mensch ein Held,
sein' Weg er zu laufen eilt.

Dein' Krippe glänzt hell und klar,
die Nacht gibt ein neu Licht dar,
Dunkel muss nicht kommen drein,
der Glaub' bleibt immer im Schein[38]*.*

[38] Martin Luther, Nun komm der Heiden Heiland (1524), EG 4, Strophe 1,2 und 4

Jerusalem. *Jesaja 60, 1- 7*[39]

1. *Wir glauben*[40]. Gemeinsam haben wir das gesungen. Es mag sich leise und zögerlich angehört haben, zumindest hier vorn; gut, dass es die Orgel gibt, so sicher und in ihrem Klang so vielfältig, so dass die eigenen Stimmen mit einfallen können, so vielfältig wie sie sind, sicher oder auch brüchig, sich in den Tiefen verlierend oder auch mal aussetzend, besonders dann, wenn die Tonfolgen nicht enden wollen und die Höhen unerreichbar scheinen. Und doch klingt etwas auf, was uns mit dem Zeugnis alter Zeiten verbindet. So ist das mit dem Glauben auch. Vielleicht wie eine Tonfolge aus alter Zeit, fremd und sperrig. Und doch faszinierend. Du kannst nicht immer mitmachen, es ist ja auch nicht unbedingt die eigene Melodie, die leicht zu pfeifen wäre. Da gibt es Sprünge und Schleifen, Fremdes und Widersprüchliches können sich zu schier unüberwindlichen Widersprüchen auftürmen. Trotzdem bleibt etwas, was einen unmittelbar anspricht und berührt. Faszinierend wie eine Melodie aus alter Zeit, die ihren Klang unmittelbar entfaltet. Hören wir so den Predigttext für diesen Epiphaniassonntag. So heißt es bei Jesaja im 60. Kapitel:

Mache dich auf, werde licht! denn dein Licht kommt, und die Herrlichkeit des HERRN geht auf über dir. Denn siehe, Finsternis bedeckt das Erdreich und Dunkel die Völker; aber über dir geht auf der HERR, und seine Herrlichkeit erscheint über dir. Und die Heiden werden in deinem Lichte wandeln und die Könige im Glanz, der über dir aufgeht. Hebe deine Augen auf und siehe umher: diese alle versammelt kommen zu dir. Deine Söhne werden von ferne kommen und deine Töchter auf dem Arme hergetragen werden. Dann wirst du deine Lust sehen und ausbrechen, und dein Herz wird sich wundern und ausbreiten, wenn sich die Menge am Meer zu dir bekehrt und die Macht der Heiden zu dir kommt. Denn die Menge der Kamele wird dich bedecken, die jungen Kamele aus Midian und Epha. Sie werden aus Saba alle kommen,

[39] Predigt am Sonntag Epiphanias 2013 in St. Johannis Göttingen

[40] Martin Luther, Wir glauben all an einen Gott (1524), EG 183

Gold und Weihrauch bringen und des HERRN Lob verkündigen. Alle Herden in Kedar sollen zu dir versammelt werden, und die Böcke Nebajoths sollen dir dienen. Sie sollen als ein angenehmes Opfer auf meinen Altar kommen; denn ich will das Haus meiner Herrlichkeit zieren.

Worte aus alter Zeit. Länder tauchen auf, die so weit weg sind wie der Jemen. Vergangene geheimnisvolle Reiche. Saba. Wüstennomaden. Nebajoth. Kamel-Karawanen, die die auf alten Pfaden gen Osten ziehen, beladen zurückkommen. 1001 Nacht. Doch dann ist da dieses Wort, das die Macht der Nacht durchbricht und in die eigene Zeit einfällt. So oft haben wir es ja gehört. Jetzt am Fest, von dem wir herkommen. Im Advent, der war und der wieder sein wird. In der eigenen Lebenszeit. Mache dich auf. Nie wirst du es vergessen, wie du dich als Kind aufgemacht hast, am Heiligabend, an der Hand des Vaters, Weihnachtsbäume ansehen. Durch die dunklen Straßen der Stadt zu gehen und zu entdecken, wo ein Weihnachtsbaum erleuchtet am Fenster steht. Licht aus Stuben, die du nie gekannt hast und auch nicht kennen lernen wirst, und doch markieren sie nicht Fremdheit und Ausgrenzung, sondern bedeuten Vertrautes: Licht, das von wo anders her kommt und für Dich gilt. Zu Haus wird es auch so sein. Herrlich. Das ist die Grundmelodie des Glaubens. *Mache dich auf, werde licht! denn dein Licht kommt, und die Herrlichkeit des HERRN geht auf über dir.* Sicher und gewiss. Wie der Grundton der Orgel, der erlaubt, auch anderes zu singen und sich fremden und fernen Zeiten zu nähern.

2. Wir wissen: 539 v. Chr. Kyros, der König von Persien, besiegt die Babylonier. So können ein Jahr später die jüdischen Gefangenen in Babylon, Angehörige der politischen und priesterlichen Oberschicht, nach Juda zurückkehren. Außerdem erlaubt Kyros den Wiederaufbau des Tempels und gibt die von Nebukadnezar erbeuteten und in babylonische Tempel überführten Tempelgeräte Jerusalem wieder zurück: Ausdruck der politischen Vernunft, die

abhängigen Staaten eine regional-religiöse Autonomie erlaubt. Der Neuaufbau des Tempels wird nun möglich. Für den einen Propheten, Haggai, ist das ein Zeichen, dass die alte nationale Hoffnung des davidschen Reiches wieder auflebt. Und man kann etwas dafür tun, indem man sein Leben heiligt. Für den anderen Propheten, Sachaja, ist der Tempelaufbau hingegen Beginn einer priesterlichen Weltherrschaft. Und man kann auch dafür etwas tun, indem man die Eigentumsrechte achtet und sich nicht gegenseitig übervorteilt. Doch beide prophetischen Utopien scheitern an der Realität. Darius, der nachfolgende persische Herrscher, kann seine Macht konsolidieren. Der Tempel in Jerusalem wird 515 fertig gestellt; es wird auch berichtet, wie er ausgesehen hat, seine Ausmaße und seine Gerätschaften werden festgehalten. Doch es fehlt jeder Hinweis, wie er geweiht worden ist, wie die Menschen in Jerusalem daran teilgenommen, gar was sie gefühlt, gedacht und geglaubt haben. Auch werden zu dieser Zeit König Serubabbel und die Propheten Haggai und Sachaja nicht mehr erwähnt, was übrigens auch dem eigenartigen Tatbestand entspricht, dass zuvor die konkrete Rückkehr der Exilanten in der biblischen Überlieferung keinen Platz gefunden hat. Über die Darstellung grundlegender Ereignisse, die zum Beleg der Erfüllung prophetischer Verheißungen hätten herangezogen werden können, schweigen die Schriften. Weil die Darstellung des Handelns des Höchsten in den Ereignissen der Geschichteach wie sagen es die Ungenannten, die in der Tradition der prophetischen Worte und Bilder Jesajas stehen, einige Zeit nach der Vollendung des Tempels, vielleicht um 510 oder später, wer weiß, also in einer Zeit, in der man sich eingerichtet und mit den realen Verhältnissen, der Macht Persiens in diesem Fall, abgefunden hatte: sie sagen nicht, was man tun muss, außer diesem einem: Mache Dich auf, werde licht, wobei das hebräische קוּמִי אוֹרִי כִּי בָא אוֹרֵךְ וּכְבוֹד יְהוָה עָלַיִךְ זָרָח׃. Kumi ori ki be orcha so klingt, als ob es eine Formel ist, mit der die Verständigung ganz schnell, ganz geheim gelingt, so wie später das Zeichen des Fisches in den Sand gemalt: kumi ori ci be orcha. Und dem folgt mit Worten und Bildern aus alter Zeit, davon Jesaja sagt, was alles kommt und woher, und wie der Blick sich weitet, über das vor Augen stehende hinaus: Die Söhne werden kommen aus der Ferne, Töchter auf den Armen, obwohl die Gefangenen schon längst heimgekehrt sind und sich abgefunden haben; aus dem Nordwesten Arabiens, aus Midian werden kommen Wüstenräuber auf Kamelen; oft genug hatten sie die Weidegründe Israels überfallen und gebrandschatzt; jetzt aber werden sie sie auf ihren Kamelen bringen Gaben: Gold und Weihrauch werden dabei sein - obwohl im hekal des Tempels seit Monden schon wieder Rauchopfer dargebracht wurden; Nomaden aus dem Süden Arabiens werden Schafe zum Sühnopfer bringen, obwohl die Hirten auf den Höhen Bethlehems genug Tiere in ihren Hürden hüten - was braucht es da Tiere aus dem Jemen?; ja, es werden von Schiffen Goldladungen übers Meer gebracht, obwohl das eherne Meer Bestandteil des Kultes war; und es werden Zedern gebracht, obwohl der Tempel seine feste Bedachung hat, es werden sogar die Fremden für die Menschen aus Juda sorgen und: Ausländer werden das Amt des Priesters übernehmen (Jesaja 61). Warum ist dies also alles gesagt und in den Schriften aufgenommen, während über den Grund- und möglichen Heilsdaten Schweigen liegt? Weil es in des Höchsten Zeit anders werden wird, so anders, dass es zum Lachen ist, zum Nicht-Aushalten; so neu, dass es nicht zu denken ist: Es wird, so wird es gesagt, eine Gegenwelt sein, die ohne Ableitung und ohne Anleitung ist. Da muss auch nichts gemacht werden. Denn: *Dein Licht kommt. Und die Herrlichkeit des Herrn geht auf.* Diese Melodie will eingehen, diese Hoffnung will aufgehen, in einer Zeit, die ganz neu ist. Nicht aber in unserer Wirklichkeit. Es hat keine Theologie der Revolution und es hat keinen Willen von Gottes Gnaden, keinen christlichen Staat gegeben.

3. In den Zeiten sehen. 1990. Wenn ich in Jerusalem oben im Garten Gethsemane stand, dann sah ich neben mir arabische Andenkenhändler, auch welche mit Kamelen, die auf Touristen warteten. Ferner einen Soldaten mit umgehängter Uzi, der mit angespanntem Blick das Weite absuchte. Und

der Blick über die Gräber und das Kidrontal hinweg, erfasst den Felsendom zu sehen, die Al Aqzar - Moschee, auch die Zionskirche. Und, am Horizont, Hochhäuser. 2012. Die Hochhäuser schieben sich immer weiter hinaus. Sie gehören zu den Siedlungen, wollen Zeichen des Bestehens sein und sind zugleich Monumente des Verdrängens. Und wenn ich die Augen weiter erheben würde, dann könnte ich jetzt die Mauern erkennen, höher als alle anderen Mauern der Welt. Und wenn ich über die Berge sehen könnte, würde ich auf der einen Seite die Schiffe sehen, die nicht bei Gaza abdrehen müssen, würde auch Schiffe in Grau erkennen, die in Kiel gebaut worden sind. Und wenn ich unter die Erde sehen könnte, könnte ich Tunnel erkennen, in denen Waffen aus Ägypten geschmuggelt werden; würde auch in Gaza-Stadt die Raketenstellung sehen, von der aus der Berg Zion beschossen worden ist. Und weiter über den Horizont hinaus, in der arabischen Wüste: 2013: Panzer, ebenfalls in Deutschland gebaut und dort, wo das Land Midian liegt, zerschossene Städte und Dörfer, Menschen auf der Flucht, nach Norden, in die Türkei, nach Süden, in den Libanon und nach Jordanien. Und auf der anderen Seite der Straße von Hormus: Atomare Anlagen. Was zu sehen ist: Das ist nicht die Welt Gottes. Und was kommt, wissen wir nicht. Das ist das eine. Aber: Zu denken ist das andere. Das ganz andere.

4. Erkennen: Es war vor Jahren Sonnabendnachmittags vor dem Epiphanias-Sonntag. Ich saß im Arbeitszimmer vor einem weißen Blatt Papier, weil die Gedanken zum Epiphaniastag sich nicht fassen lassen wollten. Weil es so ist: Von der Wirklichkeit aus gesehen lässt nichts auf das Kommen Gottes folgern. Und dann klingelte es. Ich öffnete die Tür. Da standen im Dunkel zwei Jungen und ein Mädchen. Der eine mit Karnevalsschminke geschwärzt, der andere mit Zahnlücke, ungeschminkt weiß, das Mädchen mit Sommersprossen. Sie sangen, nicht leise und verzagt und richtig wie das Lied des überlieferten Glaubens, sondern laut und bestimmt, aber schief. Ich meine es war: „*Es ist für uns eine Zeit angekommen*". Oder ein anderes Sternsingerlied. Ich

musste jedenfalls die ernste Predigermine lassen und einfach lachen. Die Kinder auch. Dann brauchten sie noch von mir einen Stuhl, um über der Tür mit dem 20 zu beginnen, dazwischen die Kreuze und jeweils das C, M, D einzusetzen und mit dem neuen Jahr zu schließen. „Haste auch was für unser Afrika-Projekt“, fragten sie. „Natürlich“. In der Dunkelheit habe ich was erkannt. Das von außen jemand auf uns zukommt. Und die Finsternis, die das Erdreich bedeckt, überwindet. Erkennen heißt in der Sprache der Bibel: Lieben. So kommt Christus, das Licht der Welt, in das Dunkel der Zeit. Lasst uns das singen, weil wir dieses hoffen dürfen.

Noch manche Nacht wird fallen
auf Menschenleid und -schuld.
Doch wandert nun mit allen
der Stern der Gotteshuld.
Beglänzt von seinem Lichte,
hält euch kein Dunkel mehr.
Von Gottes Angesichte
kam euch die Rettung her.[41]

[41] Jochen Klepper, Die Nacht ist vorgedrungen (1938), EG 16, 4

Ein Dorf bei Mashwingo (Simbawe). *Markus 16, 9 - 20*[42]

Ist jemand in Christus, so ist er ein neues Geschöpf. Das Alte ist vergangen. Neues ist geworden (2.Korinther 5,17).

Zu erinnern. Zu wissen, wie es war und wie sehr es einen bestimmt. Jeder kennt das. Weiß noch, wie es war, vor 18 Jahren, als wir früh morgens in Harare gelandet waren. Unsere Freunde hatten uns im Nissan Patrol abgeholt und uns bedeutet, wohl angesichts unserer erkennbaren Müdigkeit und noch mehr angesichts unserer erkennbaren Neugier auf diesen Kontinent, dass leider nicht viel Zeit sei; sie müssten zu einer Beerdigung, könnten uns aber auch mitnehmen, das sei doch was für uns. Natürlich. Hatte ich doch noch am Tag zuvor in Hannover eine Trauerfeier halten müssen. So schnell kann alles anders sein. Zum Umziehen sei noch kurz Zeit. Natürlich wollten wir. Und fuhren kurz darauf weiter durch die Hauptstadt Simbabwes, vorbei an Villen aus der Kolonialzeit, an Banken, Kirchen und Hochhäusern, dann durch ein Viertel, in dem es besser sei, den Wagen zuzuschließen, so müssten wir keine Angst haben, sagte die mitfahrende afrikanische Mitarbeiterin. Dann auf glatt asphaltierter Straße vorbei Tabakfeldern, einzelnen Gehöften, umgeben von Eukalyptusbäumen, Weiden mit schwarzbuntem Rind darauf, Holsteiner, sagte die Afrikanerin lächelnd, und fügte hinzu, dass es bald, nach anderthalb Stunden, auf der Piste durch die Savanne gehen würde, dann seien wir da. Waren wir auch, ohne dass die müden Augen zugefallen waren. Wir sahen die Kirche, erkennbar an dem Kreuz, strohgedeckt wie die Häuser in den kleinen Dörfern unterwegs, nur viel größer. Sie war offen. Viele standen draußen, zumeist Männer. Wir gingen rein, fanden in der letzen Reihe auch noch einen Platz, weil alle anderen zusammenrutschten. Der Pfarrer im Ornat stand vor dem offenen Sarg. Er hatte offenbar seine Rede schon

[42] Predigt am Sonntag Misericordias Domini 2013 in Nikolausberg *

begonnen und lies sich durch uns nicht stören, auch nicht durch die die mal raus gingen, um zu rauchen oder so, und wieder herein kamen. Lang war seine Rede. Wohl über eine Stunde lang. In Hannover hatte man mir bedeutet, dass in 20 Minuten alles fertig zu sein habe. Die nächsten...Wir verstanden natürlich nichts. Doch seine Sprache wurde immer ausdrucksvoller, schneller, ja fröhlicher. Und auf das Amen folgte das Halleluja, von allen gesprochen. Dann setzte der Gesang ein, mehrstimmig, begleitet von Trommeln, auch immer fröhlicher, so schien es. Alle erhoben sich, gingen an dem geöffneten Sarg vorbei. Der Pfarrer vorweg, die Trommeln hinterher. So wurde auch der Sarg auf die Ladefläche eines Toyotas gehoben, um im Schritttempo zum Dorf zu fahren, wo der Verstorbene hinter seiner Hütte beigesetzt werden sollte. Einige Frauen, die nicht gehen konnten, fanden auf der Ladefläche gleichfalls Platz, saßen da, wo man eben sitzen konnte. Alle anderen gingen hinterher, nein sie gingen nicht, sondern sie tanzten zu den Klängen der Trommeln und Kalebassen. „Weißt Du", sagte eine Frau neben mir, strahlend, ohne aus dem Tanzrhythmus zu kommen, „wir Afrikaner glauben nämlich. An die Auferstehung".

Ich weiß noch wie ich geschwiegen habe, mich gefürchtet habe, irgendwas zu sagen, was vielleicht falsch gewesen sein könnte; schon gar nichts zu sagen von Hannover und der Beisetzung am Tag zuvor, erst recht nichts von meinem Beruf. O ja, ihr Afrikaner. Und wir Europäer.

Eigenartig, wie der Möglichkeit zu glauben das Schweigen gegenübersteht und sich mit der Furcht verbindet. Heißt es nicht auch in der Weihnachtsgeschichte „*Sie fürchteten sich sehr*" (Lukas 2,9). Ob die Hirten Europäer waren? Ist ja auch egal. Nicht aber egal ist es, dass das Osterevangelium, so wie es Markus als erster erzählt hat, mit den Worten endet: „*Und sie gingen schnell heraus und flohen von dem Grabe; denn es war sie Zittern und Entsetzen angekommen. Und sie sagten niemand etwas, denn sie fürchteten sich"*(Markus 16,8). Natürlich kann man versuchen, so wie es unseren gewohnten Denkmustern eigen ist, die Bedeutung mit dem philologischen Hinweis abzumildern, dass es in der antiken Tradition, also im Griechischen wie im Lateinischen üblich war unter dem Wort für ‚Furcht' auch die ‚Ehrfurcht' zu verstehen: sich scheuen, verehren, fürchten vor, haben wir als Vokabel gelernt und noch dazu dieses Wort als angemessene Reaktion auf die Offenbarung des Heiligen begriffen, war damals so: „Wir sollen Gott fürchten und lieben" - kannten wir vom Konfirmandenunterricht her und konnten es auswendig hersagen. Doch es geht um anderes. Diesen Zusammenhang von Schweigen und Furcht, vor dem was einen erzittern lässt, aber nicht in Worte fassen, gar kleiden lässt. Am Ende nichts als die Furcht, wo es um einen neuen Anfang geht?

Zu erinnern. Zu wissen, wie es war und wie sehr es einen bestimmt. Wir können es uns vorstellen, wie sehr die, die das Markus-Evangelium zu lesen bekamen, von seinem Ende geprägt waren. Von diesem unauflösbaren Schweigen. Diesem Gefühl, das jeder aus seiner Lebensgeschichte kennt und das so unheimlich ist, weil der Mensch darin so verletzlich und auch so unberechenbar ist. Wie sehr dieses Ende nach einem neuen Anfang drängt. Und so hat es später, sehr viel später, vielleicht hundertfünfzig Jahre danach, das ist die Zeit, die zwischen Bismarcks Krieg gegen Hannover und unserer Gegenwart liegt, eine Antwort gegeben, philologisch erkennbar in den als spät zu datierenden Handschriften marginaler Art, zu verstehen aber jetzt in diesen Worten:

Jesus aber, da er auferstanden war früh am ersten Tag der Woche, erschien er am ersten der Maria Magdalena, von welcher er sieben Teufel ausgetrieben hatte. Und sie ging hin und verkündigte es denen, die mit ihm gewesen waren, die da Leid trugen und weinten. Und diese, da sie es hörten, dass er lebte und wäre ihr erschienen, glaubten sie nicht. Darnach, da zwei aus ihnen wandelten, offenbarte er sich unter einer anderen Gestalt, da sie aufs Feld gingen. Und die gingen auch hin und verkündigten das den anderen; denen glaubten sie auch nicht. Zuletzt, da die Elf zu Tische saßen, offenbarte er sich und schalt ihren Unglauben und ihres Herzens Härtigkeit, dass sie nicht geglaubt hatten denen, die ihn gesehen hatten auferstanden. Und er sprach zu ihnen: Gehet hin in alle Welt und prediget das Evangelium aller Kreatur. Wer da glaubet und getauft wird, der wird selig werden; wer aber nicht glaubt, der wird verdammt werden. Die Zeichen aber, die da folgen werden denen, die da glauben, sind die: in meinem Namen werden sie Teufel austreiben, mit neuen Zungen reden. Schlangen vertreiben; und so sie etwas Tödliches trinken, wird's ihnen nicht schaden; auf die Kranken werden sie die Hände legen, so wird es besser mit ihnen werden. Und der HERR, nachdem er mit ihnen geredet hatte, ward er aufgehoben gen Himmel und sitzt zur rechten Hand Gottes. Sie aber gingen aus und predigten an allen Orten; und der HERR wirkte mit ihnen und bekräftigte das Wort durch mitfolgende Zeichen (Markus 16,9-20).

Ja, natürlich, wir erinnern uns. Kennen diese Worte, zumindest irgendwie. Aus dem Lukas-Evangelium; Johannes. Maria Magdalena zum Beispiel, wie sie mit der Maria Jacobi zu den Jüngern gelaufen waren und ihnen weitergegeben hatte, was ihnen gesagt worden war, nämlich dass des Menschen Sohn leiden müsse und sterben und am dritten Tag auferstehen. Die Jünger aber hatten gedacht, das seien, typisch Frau: Märlein...Furchtbar. Nicht nur diese Rollenfixierung unserer Kultur, sondern auch wie das ist, wenn die Sprache nicht ankommt und die Worte verhallen, abprallen. Sodass am Ende nur noch Tränen da sein können, die unbeantwortet zu bleiben scheinen. An Jean Pauls Versuch muss ich denken, damals in der Zeit der Aufklärung die Zensur zu umgehen und den Atheismus zuzulassen, in Gestalt eines Traums in seinem Raum. Siebenkäs der die Auferstehung der Toten so sieht, dass der Tod alles beherrscht, selbst Christus ist tot, und es ist im toten Weltenraum auch kein Vater, keine Zeit, nur Stille, nur Tränen. „O Vater! o Vater! wo ist deine unendliche Brust, dass ich an ihr ruhe? - Ach wenn jedes Ich sein eigner Vater und Schöpfer ist, warum kann es nicht auch sein eigner Würgengel sein? Furchtbar, wenn der Mensch mit seiner Machtentfaltung das Ziel der Zeit ist. Die beiden Jünger zum Beispiel, von denen Lukas auch erzählt, wie sie auf dem Weg nach Emmaus den Zusammenbruch ihrer Hoffnung betrauert hatten und dann von einem Unbekannten eines Besseren belehrt worden waren, dieses aber nicht den anderen vermitteln konnten. Weil sie keine Zukunft sehen konnten. Furchtbar. So war auch die Nachricht dieser Woche von den 19,8 Millionen Arbeitslosen in Europa, davon haben infolge der Finanz- und Wirtschaftskrise allein im letzten Jahr 1,8 Millionen Menschen ihre Arbeit verloren. In Portugal, Spanien und Griechenland ist jeder zweite unter 25 arbeitslos, Während Rettungspläne für zerrüttete Staatsfinanzen und marode Banken (to big to fail) geschmiedet werden, scheinen Jugendliche ohne Lobby zu sein. So der Leitartikel im Wirtschaftsteil der SÜDDEUTSCHEN. Europa ohne Zukunft? Eingeschlossen in Gewohnheiten und Interessen? Im Johannesevangelium wird davon erzählt, wie die Jünger in dem Raum versammelt waren, eingeschlossen, also verriegelt und verrammelt, so dass nichts und niemand von außen eindringen könnte: Furchtbar. Muss an die NDR-Talkshow vorletzter Woche denken, als ein sehr bekannter Schauspieler, dem anzusehen war, wie...wie schwer er es im Leben mit dem Erfolg gehabt hat und wie asketisch er jetzt lebt- also er sagte den anderen, die da am Tische saßen, dass er Agnostiker, nicht Atheist, sei, weil er die Existenz Gottes zwar nicht logisch ausschließen könne, aber bislang in seinem kritischen Denken keinen Beleg dafür ausmachen kann. Damit ist er logisch auf der sicheren Seite. Eckt auch nicht an und bewegt sich im sicheren Raum der eigenen Erfahrungen. Viele denken so, sagen es auch so. Doch es ist auch so, dass sie damit auf die Bedingungen der eigenen Denkstrukturen fixiert sind, sich also in ihrem Denken wie in einem abgeschlossenen, versperrten Raum aufhalten. Da besteht dann für die Erkenntnis des prinzipiell Neuen keine Möglichkeit. Furchtbar.

Doch: Das Alte ist vergangen. Neues ist geworden. Siebenkäs erwachte, als im Traum das Weltgebäude zersplittern wollte, und findet sich auf dem Feld liegend wieder. Er kann von Herzen aus still beten und sagen:“ dem Himmel und der Erde streckte eine frohe vergängliche Welt ihre kurzen Flügel aus und lebte, wie ich, vor dem unendlichen Vater; und von der ganzen Natur um mich flossen friedliche Töne aus, wie von fernen Abendglocken“. Die SÜDDEUTSCHE beendet ihren Artikel mit dem Hinweis, das die EU eine Jobgarantie für Jungendliche erreichen will mit einem auf sieben Jahre angelegten Programm für 6 Milliarden €, vor allem haben in Island die jungen Leute das politische Handeln an sich gezogen, die alten Eliten mussten ihre Ämter räumen, der für die Finanzblase ehemalige Ministerpräsident steht vor Gericht. Und der Bürgermeister von Reykjavik ist ein Punk. Und als in der Talkshow die Herren bei Tisch saßen und über die Bedingungen ihres Denkens nachdachten, unterbrach die als schrille Skandalnudel vermarktete Comedy-Frau Desiree naturgemäß laut und schrill: „Also dann wissen sie ja gar nichts von der Gnade Gottes. Ich brauch das aber. Nur so kann ich leben“.

Ist jemand in Christus, so ist er ein neues Geschöpf. Das Alte ist vergangen. Neues ist geworden[43]. Das gilt es, zu erinnern, um zu wissen, wie es war und wie sehr es einen bestimmt. Deshalb endet das Markus-Evangelium nicht mit dem Fürchten, sondern sagt, wie Christus dreimal (also wie die Auferstehung am dritten Tag) die Mauern des Nicht-Glauben-Könnens durchbricht. Zu denen, die da trauern, spricht er selbst; denen, die alle Hoffnung verloren haben, bricht er das Brot. Und die, die da hinter verschlossenen Türen in ihrem Nicht-Glauben-Können verharren, beruft er, um sein Wort der Befreiung von den Mächten der Sünde und des Todes weiter zu sagen.

[43] 2. Korinther 5,17

Natürlich: Nicht nur Kim Jong Un ist zum Fürchten. Und wenn ich bedenke, welches Unheil Diktatoren und Terroristen anrichten können und anrichten, bin ich versucht, zu schweigen, zu zittern und zu zagen. Doch ich kann mich erinnern. Die Geschichte endet nicht mit der Furcht und den Mächten des Todes. Es wird anders weiter gehen. Wie hatte die unbekannte Frau gesagt? „Wir Afrikaner glauben an die Auferstehung". Fröhlich hatte sie es gesagt. Und das Tanzen nicht unterbrochen. Weil das Neue für diese Welt gilt.

Göttingen. *1. Mose 1, 1 - 4. 26 - 32; 2, 1 - 4a*[44]

Am Anfang schuf Gott Himmel und Erde. Und die Erde war wüst und leer, und es war finster auf der Tiefe; und der Geist Gottes schwebte auf dem Wasser. Und Gott sprach: Es werde Licht! Und es ward Licht. Und Gott sah, dass das Licht gut war.

Und Gott sprach: Lasset uns Menschen machen, ein Bild, das uns gleich sei, die da herrschen über die Fische im Meer und über die Vögel unter dem Himmel und über das Vieh und über alle Tiere des Feldes und über alles Gewürm, das auf Erden kriecht. Und Gott schuf den Menschen zu seinem Bilde, zum Bilde Gottes schuf er ihn; und schuf sie als Mann und Frau. Und Gott segnete sie und sprach zu ihnen: Seid fruchtbar und mehret euch und füllet die Erde und machet sie euch untertan und herrschet über die Fische im Meer und über die Vögel unter dem Himmel und über das Vieh und über alles Getier, das auf Erden kriecht. Und Gott sprach: Sehet da, ich habe euch gegeben alle Pflanzen, die Samen bringen, auf der ganzen Erde, und alle Bäume mit Früchten, die Samen bringen, zu eurer Speise. Aber allen Tieren auf Erden und allen Vögeln unter dem Himmel und allem Gewürm, das auf Erden lebt, habe ich alles grüne Kraut zur Nahrung gegeben. Und es geschah so. Und Gott sah an alles, was er gemacht hatte, und siehe, es war sehr gut. Da ward aus Abend und Morgen der sechste Tag.

So wurden vollendet Himmel und Erde mit ihrem ganzen Heer. Und so vollendete Gott am siebenten Tage seine Werke, die er machte, und ruhte am siebenten Tage von allen seinen Werken, die er gemacht hatte. Und Gott segnete den siebenten Tag und heiligte ihn, weil er an ihm ruhte von allen seinen Werken, die Gott geschaffen und gemacht hatte. So sind Himmel und Erde geworden, als sie geschaffen wurden.

[44] Predigt am Sonntag Jubilate 2013 in St. Johannis Göttingen*

Natürlich. Natürlich ist Euch allen aufgefallen, dass bei der Lesung aus dem 1. Buch Mose etwas fehlte. Das ist natürlich kein Zufall, sondern ist von den mir unbekannten Herausgebern der Predigttexte und Lesungen genau so vorgesehen. Doch es fehlt Entscheidendes. Gehört haben wir dieses: *„Und Gott sah, dass das Licht gut war. Und Gott sprach: Lasset uns Menschen machen, ein Bild, das uns gleich sei".* Das klingt so, als ob es im Schöpfungsbericht darum geht, den Menschen ins rechte Licht zu rücken. Aber das ist nicht gemeint. Die Auslassungen beginnen nämlich damit: *Und Gott sah, dass das Licht gut war. Da schied Gott das Licht von der Finsternis und nannte das Licht Tag und die Finsternis Nacht. Da ward aus Abend und Morgen der erste Tag. Und Gott sprach: Es werde eine Feste zwischen den Wassern, die da scheide zwischen den Wassern. Da machte Gott die Feste und schied das Wasser unter der Feste von dem Wasser über der Feste. Und es geschah so. Und Gott nannte die Feste Himmel. Da ward aus Abend und Morgen der zweite Tag*[45]

Allein in diesen beiden Versen wird deutlich, worum es nicht nur auf den ersten Seiten der Bibel geht. Gott ist der Handelnde. Und er ist der Sprechende. So dass wir alle, die wir uns wie auch immer in der Sprache bewegen, sein Handeln aufnehmen, verstehen und weitergeben können, obwohl Handeln so einmalig, so unableitbar ist, dass es dafür in der Sprache der Bibel ein Tätigkeitswort gibt, dass nur ihm gilt: das ist dieses ברא: schaffen, das im Anfang ist, und dieses ist nicht als einmaliger, mechanistischer Anstoß zu weiteren Entwicklungen zu verstehen, sondern meint sein grundsätzliches Dasein. Für diese Welt, die seine Schöpfung ist. Weil sein Dasein immer gilt, gibt es den unumkehrbaren Übergang von einem unbenennbaren Chaos hin zu einer Ordnung, die Voraussetzung für das gesicherte Leben ist. Die Feste also. Soweit also nicht nur das Auge, sondern die Sprache selbst reicht, will der Schöpfer in seinem sichernden Handeln erkannt werden können: Himmel und

[45] 1. Mose 1, 4-8

Erde sind sein Werk. Weil es einen Anfang hat, steht selbst das, was schier unendlich zu sein scheint, im Rahmen der wahrnehmbaren Zeit. Der erste Tag. Dem noch sechs weitere folgen.

Warum die unbekannten Herausgeber oder ‚Anordner' der Predigttexte die nächsten vier davon überspringen: Nun, es mag an der Furcht vor der Länge gelegen haben, also an jener Unruhe und Hast, die zu Kürzungen und Fokussierungen auffordert. Verweilen wir also beim Licht des ersten Tages, setzen dem sich beschleunigenden Zeitverständnis entschleunigende Ruhe entgegen und stellen uns vor loszugehen, gleich um die Ecke, beginnend in der Goetheallee, an der Kreuzung Untere Masch bei Gebhards Hotel: Die Sonne, von Reinhold Wittig in Bronze gegossen, ein passabler großer Ball mit 70 cm Durchmesser: wie groß sie ist, wird beim Weitergehen deutlich: Die Erde, im Glas der Stele Goetheallee 15/16, kaum zu sehen, nur 6,5cm groß. Gut, dass alles so nah beieinander liegt, da kann man die Informationen schnell aufnehmen: Also die Sonne, eigentlich eine riesige Gaskugel, die durch ihre eigene Schwerkraft zusammen gehalten wird. In ihrem Inneren verschmelzen bei extremen Drücken und Temperaturen (15 Millionen Grad) in jeder Sekunde 400 Millionen Tonnen Wasserstoffatomkerne zu Heliumkernen (Kernfusion). Dabei wird sehr viel Energie frei, die die Sonne mit einer Oberflächentemperatur von 5500 Grad leuchten lässt. Unvorstellbar. Goethealle 17/18 die Venus, Morgen und Abendstern: der Erde sehr ähnlich. Was heißt ähnlich bei Temperaturen von 480 Grad. Goetheallee 21, Merkur, der sich nur ganz langsam dreht und sozusagen immer nur von einer Seite aufgeheizt wird, auch 400 Grad, die Nachtseite aber hat dann -180. Alles nur ein paar Hausnummern entfernt. Es wird aber deutlich, dass die Beziehung zwischen Erde und Sonne ganz besonders ist. Nur in diesem Abstand ist die Entwicklung von Leben möglich gewesen; in einem Bild ausgedrückt: Wäre die Sonne so groß wie ein Fußball und würde auf dem Mittelpunkt des Anstoßkreises liegen, so befände sich die Erde in Größe eines Stecknadelkopfes auf der Torlinie.

Würde man diese Stecknadel nur um wenige Millimeter versetzen, würde es auf der Erde aufgrund der entweder zu hohen oder zu niedrigen Temperaturen kein Leben mehr geben. Staunen über diese besondere, zumindest in diesem Sonnensystem einmalige Konstellation von Erde und Sonne. Zu verstehen ist, warum im alten Ägypten die Sonne als Zeichen des Lebens und der Herrschaft vergöttert wurde. Um so erstaunlicher ist aber, dass erst am vierten Tag, obschon das Licht schon längst da war und der Herr es hatte regnen und wachsen lassen, dass er erst dann Lichter an die Feste der Himmel gemacht hatte, ein großes für den Tag und ein kleines für die Nacht. Sehr nachgeordnet sind Sonne, Mond und Sterne, sinnvolle Symbole natürlicher Religiosität, im Ablauf des Schöpfungsgeschehens.

Im Grunde genommen wird auf der ersten Seite der Bibel Religionskritik getrieben. (Ob vielleicht deshalb die Anordner der Predigttexte dieses Verse nicht genannt haben wollten- ist ja auch egal). Jedenfalls sind die Quellen des Lichtes und die Voraussetzungen des Lebens Gottes Schöpfung und deshalb Natur - nichts mehr, nichts weniger. Natürlich.

Natürlich könnte man jetzt weiter gehen, Goetheallee 13, vorbei am Mars, dessen erkennbare Linien im 19. Jahrhundert Anlass zu Spekulationen über zivilisiertes Leben in Gestalt angelegter Kanäle gegeben hatte. Marsmenschen gibt es nicht, dafür aber, das haben die Untersuchungen durch Raumsonden ergeben, Wasser. Über den Leinekanal weiter zur Prinzenstraße: der Jupiter so groß, dass die Erde 1000 Mal hinein passen würde. Und dann noch weiter, die Geschäfte am verkaufsoffenen Sonntag nicht beachtend, zum Theaterplatz. Spätestens hier sagst du: wie schön. Das bepflanzte Rondell. Das Grün, das aufbricht, mit der Kraft einer scheinbar unumkehrbaren Entwicklung. Wie schön, diese Frühlingswoche nach dem langen Winter. Wie schön Göttingen im Frühling ist. Zeit für einen Kaffee am Theater? Oder einen Weißwein? Weiß natürlich, dass das ein Widerspruch ist, wenn ich über den verkaufsoffenen Sonntag heute meckere und zugleich erwarte, in einem Cafe bedient zu werden. Widersprüchlichkeit ist auch ein Teil des Menschseins. Und von diesem wird gesagt: Gott schuf den Menschen zu seinem Bild. Übrigens: Die alten Ägypter hatten eine scheinbar ähnliche Vorstellung. Echnaton, Herrscher und sonniger Gott, ließ Bilder von sich in die Erde pflocken, als Markierungszeichen seiner Herrschaft. Diese Bilder waren alle gleich. Weil es um das Symbol der gleichen Macht ging. Der Mensch als Ebenbild Gottes ist aber nicht ein idealer, herrschender Mensch. Alle sind in ihrer Einmaligkeit, in ihrer Unterschiedlichkeit Ebenbild Gottes und Zeichen seines menschlichen Seins. Er schuf sie als Mann und Frau. Diese Quote ist gerecht. Und wir dürfen hinsehen. Wie schön: Menschen, die dir begegnen, lächelnde, fragende Gesichter zum Semesterbeginn.

Gehen wir besser weiter, am Saturn am Theater vorbei zum Uranus, Eichendorfplatz, klar, findest Du, dann hoch zur Herzberger, Bismarckstraße, Neptun, und dann noch mal so weit zum Bismarckturm, Pluto, dem in unserem Sonnensystem am weitesten entfernten Planeten, der eigentlich keiner ist, erst 1930 ist er auf seiner elliptischen Bahn entdeckt, am äußersten Punkt ist er 50 mal weiter von der Sonne entfernt wie die Erde. Und doch können wir ihn sehen, mit Teleskopen. Und: 2006 ist eine Sonde auf den Weg gebracht worden, die ihn 2016 erreichen soll. Grenzen, die keine mehr zu sein scheinen. Unendliche Ausweitungen des Erforschens und Verstehens. Weiß noch, wie 68, nein, das muss 69 gewesen sein, die Bilder von der Mondlandung zu sehen waren. Das faszinierendste Bild dabei war die Erde, in blau und weiß und grünbraun, vor dem Schwarz des Weltalls. So, wie man sich als Kind die Perspektive Gottes vorgestellt hatte. Das war schon gut. Sehr gut. Ob es was besonders auf dem Pluto zu sehen gibt? Weit ist der Weg bis an die Grenze im Maßstab von 1:2 Milliarden. Vielleicht würden wir bis dahin 8 Kilometer gehen, also 16 Milliarden Kilometer. Genauso lang müsste die Zeitleiste der bisherigen Evolution sein, und genauso würden sich die Evolutionssprünge in der Goethestraße verdichten. Am Ende, der Mensch wirklich am Ende? Der

Evolutionstheoretiker Richard Dawkins[46] weist darauf hin, dass es ja gar nicht ausgemacht ist, dass der Mensch Ziel der Entwicklung des Lebens ist; es sei auch denkbar, vielleicht sogar wahrscheinlich, dass es um die Entwicklung von Genen und die in ihnen enthaltenen Informationen geht, was zunächst nichts anderes heißt als dass die Entwicklung sich unabhängig von uns und außerhalb unseres Zeitrahmens vollzieht. Dass Evolutionssprünge sich unabhängig von unseren Möglichkeiten vollziehen. Natürlich. Bischof Hirschler hat das mal sehr anschaulich erklärt, indem er von den Sauriern erzählte, von denen man natürlich in Loccum Abdrücke gefunden hat: Wie diese Riesenviecher da in der Loccumer Gegend herumstanden und den Mond anblökten, und es wäre auch so weiter gegangen, wenn nicht vor 150 Millionen Jahren ein Planetoid bei Mexiko ins Meer gefallen wäre, so dass sie durch die Hitzewelle ausgestorben sind und sich so die Möglichkeit für kleinere Säugetiere ergab, sich weiter zu entwickeln[47]. Zufall oder Notwendigkeit? Wir wissen es nicht. Auch nicht ob es so war. Aber es ist aufregend, dass wir es denken können und dass wir die Geschichte des Lebens, die sich unabhängig von uns vollzieht, in unsere Sprache und in unser Denken einbeziehen und mit unseren Erfahrungen verknüpfen können.

Es ist die Anschauung, die natürlich ist. Es ist die überschaubare Zeit wöchentlicher Arbeit, die den Rahmen für den Schöpfungsbericht erstellt. Damit ihr Ziel erkennbar bleibt und nicht verloren geht. Ihr Ziel ist nicht die Produktivität, nicht die Selbstverwirklichung, auch nicht der einkaufsfreie Sonntag, sondern es ist die Ruhe, der Tag, den der Herr geheiligt hat. Wir brauchen sie, um bedenken zu können. Dieses Ziel: das ist so, als wenn wir die Kirche betreten, uns umsehen, natürlich, aber dann unwillkürlich nach vorn blicken. Weil von dort die Orientierung kommt. Der Schöpfungsbericht mit dem 7. Tag ist so angelegt wie insgesamt die die Geschichte Israels in ihrer biblischen Überlieferung. In ihrer durchaus universellen Weite zu Beginn findet sie ihre

---

[46] Richard Dawkins, Der Gotteswahn, Berlin 2006

[47] Horst Hirschler, Göttinger Predigtmeditationen 61. Jahrgang Heft 2, S.214, Göttingen 2007

Zentrierung im Bau des Tempels bzw. in der Heiligung: dem gemeinsamen Leben aus der Überlieferung der Gebote, des göttlichen Rechtes und seiner Gerechtigkeit. Um von dort aus den Blick zu weiten. Wie heißt es doch im 8. Psalm? „ Herr, unser Herrscher. Wie herrlich ist dein Name in allen Landen" (Psalm 8,2). Wie schön, wie unendlich schön. „Wenn ich sehe den Mond und die Sterne. Was ist der Mensch, dass Du seiner gedenkst" (Psalm 8,5). Wenn ich durch die Straßen unserer Stadt gehen kann. Jetzt. Und immer geht dabei die Frage mit: Was ist der Mensch. So muss sie sich verkürzen. Denn die vergangene Woche war so. Und wer weiß, was aus unseren Zeiten wird. Denn es gibt diese entsetzlichen Abgründe, die entstehen aus menschlicher Aggressivität, sich legitimeren durch religiösen Fanatismus und zum bedenkenlosen Terror führen. Boston ist jeden Tag. Überall. Richard Dawkins stellt deshalb die entscheidende religionskritische Frage: „Welchen Evolutionsvorteil bietet überhaupt eine religiöse Orientierung"? Dieser Frage können wir nicht ausweichen. Aber: Was wäre die Welt, wenn nicht dieser eine Mensch gesagt hätte: „Liebt eure Feinde". Es ist ein Wort, das in der Welt unserer Sprache steht und dass sich ebenso wenig wie das planetarische System zurücknehmen lässt. Es ist ein Wort, das in den Boden unseres Bewusstseins gelegt ist und wachsen wird. Der achtjährige Martin Richards, der sein Leben verloren hat, weil er seinem Vater beim Marathon in Bosten zujubeln wollte, hat einmal ein Schild gemalt und es hochgehalten, so dass alle es sehen konnten. Und nicht vergessen werden. „No violance. Peace". Keine Gewalt. Frieden. Das, nur das, wird am Ende zählen. Der Friede Gottes, der höher ist als alle Vernunft, soll unsere Herzen und Sinne bewahren. In Jesus Christus. Amen.

Hannover und Lampedusa. *Lukas 9,10-17*[48]

Und die Apostel kamen zurück und erzählten Jesus, wie große Dinge sie getan hatten. Und er nahm sie zu sich, und er zog sich mit ihnen allein in die Stadt zurück, die heißt Betsaida. Als die Menge das merkte, zog sie ihm nach. Und er ließ sie zu sich und sprach zu ihnen vom Reich Gottes und machte gesund, die der Heilung bedurften. Aber der Tag fing an, sich zu neigen. Da traten die Zwölf zu ihm und sprachen: Lass das Volk gehen, damit sie hingehen in die Dörfer und Höfe ringsum und Herberge und Essen finden; denn wir sind hier in der Wüste. Er aber sprach zu ihnen: Gebt ihr ihnen zu essen. Sie sprachen: Wir haben nicht mehr als fünf Brote und zwei Fische, es sei denn, dass wir hingehen sollen und für alle diese Leute Essen kaufen. Denn es waren etwa fünftausend Mann. Er sprach aber zu seinen Jüngern: Lasst sie sich setzen in Gruppen zu je fünfzig. Und sie taten das und ließen alle sich setzen. Da nahm er die fünf Brote und zwei Fische und sah auf zum Himmel und dankte, brach sie und gab sie den Jüngern, damit sie dem Volk austeilten. Und sie aßen und wurden alle satt; und es wurde aufgesammelt, was sie an Brocken übrig ließen, zwölf Körbe voll.

„Draußen schmeckt's am Besten". Mit dieser Zeile führte die ‚SÜDDEUTSCHE Zeitung" in das vergangene Wochenende ein, das nun endlich zum sommerlichen Grillen angetan war, auch zum Ausprobieren der internationalen Rippchen-Rezepte: Thai- Rippchen, Currasco Costela, Kassler in Schmalz, Riesling und Kraut, über Olivenholz gegarte Rosmarin-Rippchen, Cajun Ribs, Koreanische Kalbi Rippchen: So viel. Eine Welt zum Schmecken. Wunderbar. - Und welche Beilage nimmt man dazu?

Auch in der Wüste war Zeit zum Essen gewesen. Brot und Fisch, und das noch im Verhältnis 5:2. Ob es schmeckt? Weiß ja nicht. Aber es ist auch eine andere Welt. Ohne Beilage. Eine Welt des Wunders. Eine andere Zeit.

[48] Predigt am 7. Sonntag nach Trinitatis 2013 in St. Johannis Göttingen

Kenne ich sie? Weiß ja noch, wie ich als Kind, ziemlich groß mit Fünf, neben dem Vater herlief, nicht durch die Wüste, sondern, mitten im Winter, durch die Steinwüste, wie der Vater gesagt hatte, vorbei also an Trümmerfeldern Hannovers, jenen dunklen Hausruinen mit schwarzen Löchern, zum Welfenplatz. „Hier haben wir exerziert“, hatte er mir erklärt, dann aber im Übrigen geschwiegen; ich hatte auch nicht weiter nachgefragt, weil ich alles schon zu kennen glaubte, seine Geschichten von den abgeschossenen amerikanischen Flugzeugen und der Gefangenschaft und der Schuld der anderen. „An der Kaserne bekommen wir ein großes Paket“, hatte er dann gesagt und so war es auch wirklich gewesen, mein Vater hatte es auf den Schlitten gelegt und eine Decke darüber gedeckt. „Damit keiner was sieht“. Zurück, den Schlitten gemeinsam ziehend über die Alte Celler Heerstraße und durch die Unterführung, dann die Treppen hoch in unsere Wohnung. Das Paket wurde auf den Küchentisch gelegt. Alle standen herum. Und dann packte mein Vater aus. Dosen mit englischer Sprache beschriftet. „Das ist Käse. Und das wohl Butter. Und das ist ‚ham‘, so nennen die Amis das. Und das sind ja Zigaretten. Lucky Strike. Sie sind die besten. Und Kaffee. Und Brot, auch in der Dose. Und hier: das hier hast du noch nie gesehen, das Gelbe hier sind Bananen“. Eine gab es dann zum Abendbrot. Zum Probieren. Und auch ein bisschen Käse. Es wurde auch gebetet. Wie immer: „Komm Herr Jesus, sei du unser Gast und segne was du uns bescheret...“. Ja, es war schon so schön wie die Bescherung zu Weihnachten, einige Wochen zuvor. Die Banane: etwas so schmecken zu können, so neu, so aufregend, so... von so weit weg. Der Käse, naja, streng und salzig. Butter aß ich sowie so nicht. Aber diese Banane. Das Wunder auf der Zunge und das Wunder im Herzen. Und dieser Jesus, der mir eigentlich nur als Kind in der Krippe vertraut war, ziemlich nah und wirklich. Ja komm. „Papa“, fragte ich, „warum haben uns die Amerikaner eigentlich was zu essen gegeben“?

„Gebt ihr ihnen zu essen“.

Das sagt Herr gesagt. In der Wüste, am einsamen Ort, in stiller Zeit. Die Zwölf, die er ausgesandt hatte, um in seinem Namen, mit seiner Vollmacht ausgestattet das Reich Gottes zu predigen und Kranke zu heilen: diese Zeit also, in der für die Menschen alles anders sein wird. Die Zwölf aber waren zurückgekommen und hatten ihm wohl ziemlich laut erzählt, was für „große Dinge sie getan hatten“. Nichts aber wird gesagt über die Abgründe jener Zeit, die hinter allem lag, über das, was Johannes der Täufer durch Herodes erlitten hatte - und man ahnt, was noch alles kommen wird. Doch es ist wohl auch nicht die Zeit, das anzusprechen. Eigentlich scheint nie dafür Zeit zu sein. Erinnere mich an die Zeit der Pfarrkonferenzen, wo so viel zu bereden war, auch mehr oder weniger laut. In den Pausen standen wir in kleinen Grüppchen und fragten, während wir in der einen Hand das Mettbrötchen, in der anderen Hand die Kaffeetasse hielten, unser jeweiliges Gegenüber: „ Na, und? Wie ist es, was machst Du so“? - um dann gleich selbst zu erzählen, was ‚man halt so macht‘, große Dinge also, dem Veranstaltungskalender des Gemeindebriefes gleich, nur noch ein bisschen ausgeschmückter. Gegenseitige Verständigung wurde erzielt durch die Kritik an scheinbar ineffektiver Leitung und umständlicher Verwaltung, wie Kirche eben so ist. Ansonsten: Schweigen. Wie Menschen in ihren Zeiten eben so sind: sich abgrenzend, weil absichernd und sich selbst rechtfertigend.

Der Herr aber steht für die ganz neue Zeit, still, sagt nichts zu dem, was die Zwölf gesagt haben, sondern wendet sich dem Volk zu, sagt ihnen das ganz andere, das Reich Gottes, und macht die gesund, die es bedürfen. *„Aber der Tag fing an, sich zu neigen“* (Lukas 9,12).

Das ist seine Zeit. Der Abend. Die Zeit der Stille. Nicht die Zeit des Lichtes und des Schattens, der lamentierenden Vernunft und der abwägenden, kalkulierenden Entscheidung, sondern die Zeit seiner Erkenntnis, die Zeit des

Wunders, die Zeit seiner Offenbarung. Später werden zwei der Jünger, die gefangen sind in dem, was Menschen auf Golgatha einem anderen angetan haben, jenen Unbekannten bitten, in Emmaus zu bleiben, weil es Abend geworden ist und der Tag sich geneigt hat. Dann erst wird dieser das Brot brechen und teilen. Und dann erst werden sie erkennen, wer er wirklich ist (Lukas 24,13-31).

Jetzt jedoch sind sie ganz ihrer Zeit verhaftet und rechnen dem Predigenden, der das Reich dessen ansagt, der Anfang und Ende ist, - also dem rechnen sie vor, dass es nun endlich Zeit ist, die vielen Menschen, die in der Wüste sind, in ihre heimatlichen Dörfer zurückzuschicken; auch argumentieren sie mit der Marktlage und den knappen Ressourcen (sofern man überhaupt bei fünf Broten und zwei Fischen und 5000 zu versorgenden Leuten noch von Ressourcen sprechen kann). Nicht ausgeschlossen werden die Möglichkeiten der zusätzlicher Finanzierung: *„Es sei denn, dass wir hingehen sollen und für alle Leute Essen kaufen“* (Lukas. 9,13).

Muss bei den argumentierenden Zwölfen an Mutter Courage von Bertolt Brecht denken, die ihrer festlich gekleideten Kathrin sagt: „Kannst deine Sachen wieder ausziehen, wir gehen nicht in die Kirche, wir gehen zum Markt“. Das Kleid der Religion ist für die Markt- Zeit unschicklich, um nicht zu sagen: daneben, weil die Ökonomie die Zeit bestimmt. Sagen nicht nur die Zwölf. Oder Mutter Courage. Doch der Herr hat den Mut, ach, was sage ich: Er hat die Macht, etwas anderes zu sagen, draußen, gegen diese Zeit der Vernunft und Eigeninteressen *„Gebt ihr ihnen zu essen“*.

So wie er sie ausgesandt hat, so übergibt er ihnen das Zeichen, mit dem er selbst als der Auferstandene und sie als seine Gemeinde erkannt werden (vgl. Apostelgeschichte 2,46). Sein Blick zum Himmel ist die Alternative zum kalkulierenden Blick nach unten ins Portemonnaie und der sorgenden Angst, es könne nicht reichen. Sein Dank und sein Teilen des Brotes wird durch die Zeiten hindurch daran erinnern, dass wir von dem leben, was er uns gibt. Seine Gabe steht dem Erwerben, Sichern und Besitzen gegenüber. Aus seiner Gabe allein können wir leben. Dieses ist das eigentliche Wunder. Dieses sollen die ungenannten Zwölf den anonymen 5000 weitergeben. Das Teilen selbst ist ein bloßer Vorgang der Organisation, man kann darin sehen, wie sich die Welt des Wunders mit der Welt der Rationalität verbindet. Wie in einem modernen Management weist der Herr klare Handlungsziele an und weiß auch Aufgaben zu delegieren. Diversifikation. Dabei wird die schier unübersehbare Zahl der Menschen in der Wüste in überschaubare Gruppen untergliedert. Aus 5000 werden 100 Gruppen à 50...Man mag bei diesen Zahlenverhältnissen das Vorbild einer römischen Legion sehen mit der Zenturie als kleinster Einheit; man mag auch aus der exegetischen Literatur entnehmen, dass sich radikale religiöse Gruppen in kleinste Einheiten untergliederten, um als Kinder des Lichtes den Kampf gegen die Kinder der Finsternis aufzunehmen; man mag auch, sehr liberal, auf Max Webers Einsicht verweisen, dass Werte der Institutionalisierung bedürfen, um vermittelt werden zu können. Doch es geht weder um Kampf noch um Zweckrationalität. Es geht darum, dass der Herr sich den Menschen in wüsten Zeiten konkret zu erkennen geben will: Er kopiert nicht die Organisationsformen und Sicherungskonzepte der Welt und ihrer Zeiten - nicht umsonst hat er einen bösen Geist namens Legion ausgetrieben (vgl. Lukas 8,30); es gelten nicht die Abgrenzungen zwischen rechts und links, drinnen und draußen, vertraut und fremd; stattdessen nimmt er seine Dimension in Anspruch, sieht zum Himmel auf, dankt, bricht das Brot, und eröffnet so eine Gemeinschaft, die sich in die Augen sehen kann und im Teilen des Brotes (und der Fische) verbunden weiß (Lukas.9,16; vgl. Lukas 24,30).

Noch einmal: *„Gebt ihr ihnen zu essen".*

Weiß noch, wie ich 1990 in dem Film „Der Marsch" Menschen gesehen habe. Er zeigte Menschen in Afrika. In ihrer Not der verlorenen Arbeit und des Hungers sammelten sie sich unter einem charismatischen Anführer und zogen durch die Sahara, um nach Europa zu kommen. Und wie die aufgebotenen Waffen der Festung Europa dieses verhinderten. Am nächsten Tag sagte mir in der ESG ein Student aus Mali: „Genau so ist es". 1993 wurde im Zusammenhang mit der Vereinheitlichung der Einwanderungsgesetze der EU das Grundgesetz verändert. In Artikel 16, der das Grundrecht auf Asyl sichert, heißt es:

„Auf Absatz 1 kann sich nicht berufen, wer aus einem Mitgliedstaat der Europäischen Gemeinschaften oder aus einem anderen Drittstaat einreist, in dem die Anwendung des Abkommens über die Rechtsstellung der Flüchtlinge und der Konvention zum Schutze der Menschenrechte und Grundfreiheiten sichergestellt ist.... In den Fällen des Satzes 1 können aufenthaltsbeendende Maßnahmen unabhängig von einem hiergegen eingelegten Rechtsbehelf vollzogen werden".

Wie soll es dann möglich sein, dem Elend zu entkommen und in Deutschland zu leben? Mit Flugzeugen? Oder mit Unterseebooten? Seit 2004 koordiniert die FRONTEX die Außensicherung der EU. Die Mittelmeerstaaten, die ärmsten Europas also, tragen dabei die Last. Doch welche Moral, welches Recht kann Menschen zwingen, im Leiden zu bleiben?

Sehe noch, wie wir in Hamburg auf dem Kirchentag Abendmahl feiern konnten. An Tischen. Im Stehen in kleinen Gruppen. Sehe auch die kleinen Gruppen Afrikaner am Hauptbahnhof und in Parks. Wusste nicht, dass sie aus Libyen waren, dass ihnen unter Ghaddafi Arbeit versprochen worden war und die nach den Kriegswirren über Italien nach Deutschland gekommen sind. Ohne je ein Recht auf Asyl zu haben. Gut, dass Kirchengemeinden und Moscheen vorläufig Unterkunft und Verpflegung organisieren. Doch ein Recht zu bleiben gibt es für sie, die nichts haben, nicht. Sehe auch immer noch die Bilder der 50 Hungerstreikenden in München. Durch Wüsten, durch Kriegsgebiete sind sie gekommen, geflohen vor den Kindersoldaten in Sierra Leone, den Rebellen in Mali, dem Krieg in Afghanistan. Ihr hilflos-radikaler Versuch, durch einen konsequenten, d.h. sich selbst gefährdenden Hungerstreik eine Aufenthaltsgenehmigung zu erzwingen. „*Gebt ihnen zu essen*" konnte bei der gültigen Rechtslage nur die Zwangsernährung bedeuten. Und ihre wahrscheinliche Abschiebung. Am Dienstag, war im ‚Göttinger Tageblatt' ein Foto von Franziskus mit Afrikanern zu sehen. Statt einen Staat zu besuchen, was in dieser Welt immer ansteht, besucht er afrikanische Flüchtlinge auf Lampedusa, der italienischen Insel vor der Küste Afrikas. Er beklagt offen die Globalisierung der Gleichgültigkeit. Und die Orientierungslosigkeit. Seine Gebete dort benennen vor Gott über 19 000 Flüchtlinge, die in den letzten 25 Jahren bei dem Versuch der Flucht über das Meer ihr Leben verloren haben. Und die 200 000, die darauf hoffen, dass sie in irgendwann in Europa leben können. Irgendwo dort, wo sie arbeiten können. Wo ihre Landwirtschaft nicht durch Krieg und Unruhen, durch Handelszonen und Überschussexporte bedroht wird. Dort, wo es eine medizinische Versorgung gibt. Weiß nicht, ob Franziskus in Lampedusa Wege dazu genannt hat.

Weiß aber, dass eins gesagt werden muss: „Gebt ihnen ein Aufenthaltsrecht".

Damit aus Glauben Leben gestaltet werden kann. Denn es geht darum, dass wir uns in unserer Welt des Konsums und Profites nicht absichern können. Dass wir alle aus der Gabe des Lebens leben müssen. Brot für die Welt ist der richtige Weg. Und vielleicht ist auch das Wunder einer Gesetzesnovelle möglich, die das Schengener Abkommen hinter sich lässt, die Begegnung aber mit dem, der Brot und Leben teilt, vor sich weiß und die Trennung von draußen und drinnen überwindet.

Weende, Wittenberg, Göttingen. *Nun freut Euch...*[49]

Manchmal ist Zeit, einfach zurückzudenken. So auch hetzt an diesem ersten Sonntag im November. Vor drei Tagen war Reformationstag, schon lange kein Feiertag mehr, sondern ein normaler Tag. Und doch ist es gerade dieser Tag, der den Blick frei gibt für andere Zeiten und für Aufgaben, die sich stellen. Wobei an diesem Donnerstag mir zunächst zwei Mädchen in Weende aufgefallen waren, ungefähr 10 Jahre alt, beide mit langen schwarzen Gewändern; jede hatte einen schwarzen spitzen Hut auf dem Kopf, so wie man ihn aus Harry Potter- Filmen kennt; mit einer Umhängetasche lose über der Schulter betraten sie den kleinen Lebensmittelladen, den es hier noch gibt, dort, wo hinter dem Gartenzaun die Weende fließt und die Kirchenglocken morgens. mittags und abends läuten; sie traten also durch die Ladentür, hier läutet dann die Ladenglocke, und sagten, sie seien Geister und wären aus Kleister; schnell sollte man ihnen was geben, sonst blieben sie lange kleben. Langsam sagten sie das zusammen auf, wie ein Gedicht, dass sie eigentlich nicht zu mögen schienen, auswendig gelerntes also, das ohne eigene Beteiligung, ohne Spannung, ohne Gefühl dahergesagt wird, leiernd und gelangweilt. Auf Geister reimt sich eben Kleister, und auf ‚geben' ‚kleben'. Ach ja, Halloween. Es ist ja auch unsere Zeit, die so zu sein scheint wie der kindlich geleierte Vers. Bewegung ist kaum auszumachen, alles hängt so zusammen, die Suche nach einer Gabe und das Hineinstopfen in den eigenen Beutel. Ganz schön gruselig.

Ganz anders das Lied zum Reformationstag. Auch in ihm geht es um die Gabe. Sie löst Bewegung aus, weil sie selbst Bewegung ist. Und: sie ist ein Grund zur Freude. Kommt, wir singen das.

---

[49] Predigt über Martin Luther, Nun freut euch, liebe Christen g'mein (1523),Vers 1 und 7, EG 341 am 23. Sonntag nach Trintiatis (Sonntag nach dem Reformationstag) 2013 im Klinikum Göttingen

Nun freut euch, liebe Christen g'mein,
Und lasst uns fröhlich springen,
Dass wir getrost und all' in ein
Mit Lust und Liebe singen,
Was Gott an uns gewendet hat,
Und seine süße Wundertat;
Gar teu'r hat er's erworben.

Nicht wahr, es ist die erste Zeile, die sich im Kopf, im Herzen festsetzt, vielleicht sogar die Melodie im Stillen pfeifen lässt, auch wenn es in diesem Haus mit seinen beiden Flügeln, den langen Gängen und Fluren, den Zimmern und Behandlungsräumen eher still zugeht und das Sich-Bewegen schwer fallen kann. Trotzdem: Nun freut euch liebe Christen G'mein und lasst uns fröhlich springen; stell es dir einfach vor. Freudensprünge, wie damals als Kind. Einfach so, gegen die Zeit und gegen das, was man einfach so tut.

Springen wir also durch die Zeit weiter zurück. Die 20iger Jahre des 16. Jahrhunderts: Wittenberg: eine berühmte Universitätsstadt, Göttingen eine, nun ja, Ackerbürgerstadt und als solche mit gewisser Solidität ausgestattet. Mühlen aber wurden hier wie da betrieben, weil es fließendes Gewässer gab, in Göttingen wie in Wittenberg, mithin die Voraussetzung für die Gilden und Zünfte der Müller, Weber und Färber. Stelle mir vor, wie ein Jahr, nachdem das Neue Testament auf Deutsch übersetzt worden war, zwei Jahre, nach dem der Mönch auf dem Reichstag zu Worms gesagt hatte: „Hier stehe ich, ich kann nicht anders, Gott helfe mir. Amen“, - wie also dann 1523 ein Flugblatt auf dem Markt und den Straßen in Wittenberg (als Göttinger konnte man sich das bis vor wenigen Jahren immer gut vorstellen) verteilt wurde. Darauf stand: „Nun freut euch, liebe Christen G`mein“. Es war erste Lied des Theologieprofessors und es ging nicht den Bach runter, wurde auch nicht nur zwischen Rieschebach und Trajuhnschen Bach gelesen, sondern ging in die ganze Welt, weil es mit dieser Freude beginnt, die Bewegung nicht zu kurz kommen lässt, weil es auf 10 Strophen zusammengefasst den ganzen Glauben enthält, den Weg Gottes in die Tiefen der Welt und ihrer Zeiten, die Möglichkeit, sich ganz an Christus zu halten, der das Heil der Armen ist und sich deshalb mit uns verbindet und so eine Zukunft eröffnet, die das Reich Gottes meint und sich deshalb den Reichen dieser Welt gegenüberstellt, die mehr ist als das, was Worte je sagen können, ja noch mehr als Gerechtigkeit und Versöhnung, mehr als das Ende der Mächte der Zeit und des Todes: Diese Freiheit, die sich in der Macht des Höchsten gründet, ganz für den Menschen da ist und ihn springen und singen lässt.

Sicherlich wird dieses Flugblatt auch nach Göttingen gelangt sein. Indes hatte es mit der Reformation bis zum Jahr 1529 gedauert[50]. Es waren die Armen gewesen, die auf die Straße gegangen waren und unweit des Leinekanals gesungen haben; genauer gesagt: die Wollenweber aus Flandern, denen die Mitgliedschaft in der Gilde versagt worden war, aus Angst vor der Konkurrenz. Am Groner Tor sangen, schrieen sie den 130.Psalm: *Aus tiefer Not schrei ich zu Dir.* Auf Deutsch. Weil die Sprache der Bibel in das Leben übergeht. Die Göttinger Geistlichkeit aus dem Pauliner - Kloster versuchte das Verstehen zu verhindern, mit lateinisch-liturgischem Gesang, dann, als das nicht half, mit Orgel- und mit Glockengedröhn. Doch der, der das Heil der Armen ist, lässt sich nicht verhindern. Schließlich führte der Rat, unter Anhörung der Bevölkerung, Bildung von Ausschüssen und nicht ganz freiwilliger

[50] Vgl. Hans Volz Franz Lubecus Bericht über die Einführung der Reformation in Göttingen im Jahre 1529 . Anläßlich der 450jährigen Wiederkehr des Reformationstages im Auftrage der Stadt Göttingen herausgegeben vom Geschichtsverein für Göttingen und Umgebung, Göttingen 1967

Klausur im Rathaus die Reformation ein, indem den fremden Flandern die Bildung einer Gilde ermöglicht und ihnen Wohnraum im südlichen Teil der Stadt zur Verfügung gestellt wurde; dazu wurde ein Pfarrer der neuen Lehre, Heinrich Winkel, nun nicht aus Wittenberg, aber immerhin aus Braunschweig, eingestellt. Der Schritt in die Reformation bedeutete: Das, was in der Bibel gesagt ist zu verstehen und in das Leben hineinzunehmen. Also nicht nur in Göttingen die Not zu hören, sich Gedanken zu machen und aus den alten Gewohnheiten und scheinbaren Rechten herauszugehen, die ausgrenzende Armut zu überwinden, zu integrieren und ganz für den Menschen da zu sein. Vor dem Bürgerkrieg in Syrien sind über 6 Millionen Menschen auf der Flucht. Genauso viele Einwohner hat Jordanien. Dieses Land hat 600 000 Flüchtlinge aufgenommen. Und wie viele haben bei uns Aufnahme gefunden? Nicht einmal ein Zehntel? Es geht um Aufgabenstellung, die aus dem Glauben erwächst. Um der Menschen willen. Denn wir können anders als nur so wenige aufzunehmen. Wir singen:

Er sprach zu mir: Halt dich an mich,
Es soll dir jetzt gelingen;
Ich geb' mich selber ganz für dich,
Da will ich für dich ringen;
Denn ich bin dein, und du bist mein,
Und wo ich bleib', da sollst du sein,
Uns soll der Feind nicht scheiden.

Ich bin dein und du bist mein: Es sind Worte, die einen Bund beschließen. Und wenn du fröhlich in Gedanken durch die Zeit zurückspringst, weißt Du wie es war, als die erste große Liebe ihre eigenen Worte gefunden hatte und sich für den gemeinsamen Weg entscheiden konnte. Vielleicht auch schon noch früher, als wir in geheimen Verstecken, unterm Holunderbusch oder so, Freundschaft schlossen. Und sicherlich, noch früher, sodass sich dieses Datum der Erinnerung in der Regel entzieht. Die Taufe. In der genau dieses gesagt wird, was durch die Zeiten hindurch bleiben wird. *„Ich bin Dein und Du bist mein“.* Er, dessen Friede größer und höher ist als alle Vernunft, hat sich auf den Weg gemacht, um dir nah zu sein; hat sich selbst gegeben, damit wir ohne jeden Vorbehalt ihm gegenüber stehen können. Aus seiner Gnade zu leben: Das ist der Ausdruck seiner Liebe und der Grund unserer Freiheit. Das lässt auch uns sagen: „Hier stehe ich, ich kann nicht anders“. Und das gibt uns die Freiheit zu geben, weil das Leben selbst Gabe ist.

Ach übrigens: die Verkäuferin in jenem Laden war freundlich, konnte nicht anders als die beiden mit ihrem geleierten Vers anzulachen und ihnen etwas zu geben. Die beiden Mädchen lächelten unter ihren weiß geschminkten Gruselgesichtern zurück, sagten auch ein leises Danke und hüpften fröhlich aus der klingelnden Ladentür nach draußen, auf jener Straße entlang, die auf die Kirche zuführt.

Literaturverzeichnis

Zur Vorbereitung der Predigten habe ich benutzt:

Walter Bauer, Wörterbuch zum Neuen Testament, Berlin 1963^5,

Wilhelm Gesenius, Hebräisches und Aramäisches Handwörterbuch, Berlin/Göttingen/Heidelberg 1962^{17},

Rudolf Kittel, Biblia Hebraica, Stuttgart 1966^3,

Bernhard Nestle, Novum Testamentum Graece,Stuttgart 1967^{25}.

Als deutsche Übersetzung sind verwendet worden:

Die Bibel oder die ganze heilige Schrift des alten und neuen Testaments *nach der Übersetzung Martin Luthers*, Stuttgart 1912.1973;

Die Bibel. Einheitsübersetzung der Heiligen Schrift. Gesamtausgabe. Katholisches Bibelwerk Stuttgart, 1980

Ebenso dienten der Vorbereitung immer der

Kritisch - exegetische Kommentar über das Neue Testament, begründet von Heinrich August Wilhelm Meyer, herausgegeben von Dietrich Alex Koch, Göttingen 1967^{4}ff , *und die*

Göttinger Predigtmeditiationen z.St., Göttingen 1972 ff.

Dann natürlich die Lektüre folgender Zeitungen: Göttinger Tageblatt, DER SPIEGEL, SÜDDEUTSCHE, DIE ZEIT. Und das *Evangelisches Gesangbuch.* Ausgabe für die Evangelisch/Lutherischen Kirchen in Niedersachsen und für die Bremische Evangelische Kirche, Hannover 1994 (EG).

Außerdem sind benutzt und erwähnt worden:

Ulrich Beck, Risikogesellschaft. Auf dem Weg in eine andere Moderne, *Frankfurt 1986*

Die Bekenntnisschriften der evangelisch- lutherischen Kirche, 4. Auflage Göttingen 1959, S.76.80

Richard Dawkins, Der Gotteswahn, Berlin 2006

Goscinny/ Uderzo, Asterix und die Goten, Stuttgart 1986

Horst Hirschler, Göttinger Predigtmeditationen 61. Jahrgang Heft 2, Göttingen 2007

Kazoh Kitamori, Theologie des Schmerzes Gottes, Göttingen 1972, S. 37,

Jürgen Moltmann, Trinität und Reich Gottes. Zur Gotteslehre, München 1980,

stadtarchiv.goettingen.de/text/Stadtgeschichte_stationen,

Hans Volz, Franz Lubecus Bericht über die Einführung der Reformation in Göttingen im Jahre 1529. Anläßlich der 450jährigen Wiederkehr des Reformationstages im Auftrage der Stadt Göttingen herausgegeben vom Geschichtsverein für Göttingen und Umgebung, Göttingen 1967

Printed by Books on Demand GmbH, Norderstedt / Germany